战争与和平系列

侵华日军 731 部队 史实揭秘

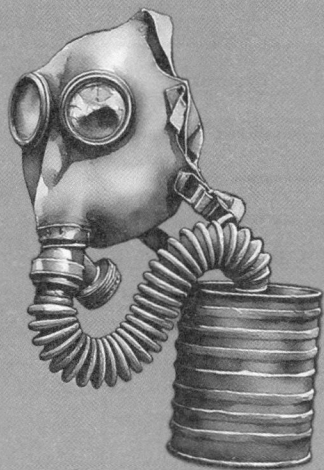

金成民 编著

中国和平出版社
China Peace Publishing House
北京

图书在版编目（CIP）数据

侵华日军 731 部队史实揭秘 / 金成民编著. -- 北京：
中国和平出版社，2025.8. --（战争与和平系列）.
ISBN 978-7-5137-3207-9

Ⅰ. K265.606

中国国家版本馆 CIP 数据核字第 20258NQ958 号

ZHANZHENG YU HEPING XILIE　QIN HUA RI JUN 731 BUDUI SHISHI JIEMI

战争与和平系列　侵华日军 731 部队史实揭秘　　　　金成民　编著

责任编辑	陈秀娟
封面设计	胡小梅
设计制作	张建永
责任印务	魏国荣
出版发行	中国和平出版社（北京市海淀区花园路甲 13 号院 7 号楼 10 层　100088） www.hpbook.com　bookhp@163.com
出 版 人	林　云
经　　销	全国各地书店
印　　刷	涿州市荣升新创印刷有限公司
开　　本	710mm×1000mm　1/16
印　　张	15.5
字　　数	300 千字
版　　次	2025 年 8 月第 1 版　2025 年 8 月第 1 次印刷
书　　号	ISBN 978-7-5137-3207-9
定　　价	88.00 元

日本侵略中国期间，违反《禁止在战争中使用窒息性、毒性或其他气体和细菌作战方法的议定书》等国际公约，有预谋、有组织地建立了以731部队为主体的细菌战体系。其秘密研制细菌武器、进行人体实验和实施细菌战，不仅给中国人民带来了深重灾难，更是对人类文明与国际公约的践踏。然而，受战后国际政治格局的影响，这段充斥着罪恶与苦难的历史真相曾一度被遮蔽。

本书作者金成民及其学术团队，秉持对二战历史的尊重与民族记忆的坚守，历经40余年的不懈求索，足迹遍布国内外，搜集整理了数千万字的731部队罪证史料，以严谨的学术态度展开系统研究。本书收录大量原始档案文献，辅以亲历者证言、实物图片等，为公众认知这段历史提供客观依据。

历史记忆是人类文明存续的基石。2025年是中国人民抗日战争暨世界反法西斯战争胜利80周年，习近平主席在纪念中国人民抗日战争暨世界反法西斯战争胜利75周年座谈会上指出："我们纪念中国人民抗日战争和世界反法西斯战争的胜利，谴责侵略者的残暴，强调牢记历史经验和教训，不是要延续仇恨，而是要唤起善良的人们对和平的向往和坚守，是要以史为鉴、面向未来，共同珍爱和平、维护和平，让中日两国人民世世代代友好下去，让世界各国人民永享和平安宁。"这一论述也是我们编辑出版《侵华日军731部队史实揭秘》的初衷以及这本书的核心价值。

本书的编撰，既是对无数细菌战受害者的告慰，更是对生者的深刻警醒。中国人民对战争带来的苦难有着刻骨铭心的记忆，历史的光明与阴霾、正义与罪恶，都应被真实留存、不容篡改。"前事不忘，后事之师"，唯有擦清历史的镜子，方能以史为鉴、面向未来。我们希望通过本书，让更多人了解历史真相，更加珍视当下的和平，共同维护世界的正义与良知；希望当代青年以史为鉴、不忘国耻，将历史教训化为前行的力量，奋发图强，捍卫国家与民族尊严；希望启示世人认知和铭记这段历史，深刻反思战争与医学、战争与良知、战争与和平，尊重人权与自由，倡导文明与和平。

731 部队本部旧址

731 部队主要成员在本部大楼前集体合影

结核菌实验室旧址

焚尸炉旧址

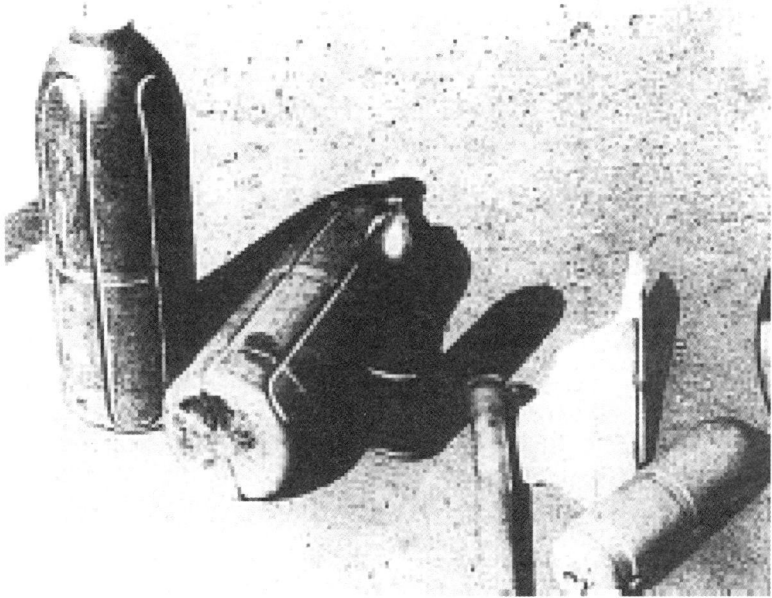

石井式土陶细菌炸弹

731部队在诺门罕战场上

诺门罕战场上的石井式滤水机在工作

培瓶

器具消毒用的格筐

细菌培养箱

日军细菌部队队员捕捉小动物

刑具"匣床"

向水泡里投撒细菌

日军人员也自受其害

将被实验者绑在担架上，露出手脚，进行冻伤实验

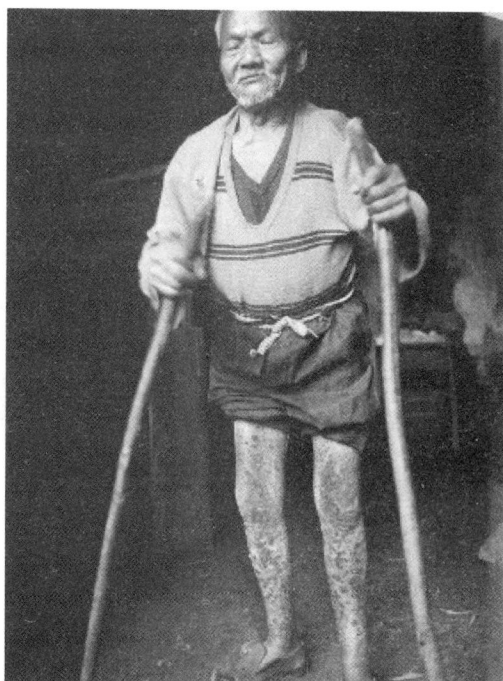

细菌战受害者江昌友

帮助越狱者逃脱的背荫河村民吴泽民

野外实验场上

在野外进行毒气实验之前

哈尔滨防疫队人员给疫区群众注射疫苗

沈阳特别军事法庭开庭，铃木启之等8名被告人受审

2024年8月，原731部队少年队员清水英男（前排左一）
在侵华日军第七三一部队罪证陈列馆查阅相关资料

第一章

侵华日军建立731部队的目的与野心

侵华日军建立731部队，核心目的是开展细菌研究和发动细菌战。为了建立"大东亚共荣圈"，即建立一个由日本统治的殖民地国家，日本军国主义者确定了进行细菌战的战略，想以低廉的代价，赢得侵略战争的胜利。731部队是日本细菌武器研究中心和细菌战指挥大本营。

一、细菌战的起因

日本崛起于19世纪末。1868年，日本通过明治维新开启近代化历程，由于明治维新这一资产阶级改革运动的不彻底性，日本国内仍然保留了较多的封建残余因素，从而为日本近代军国主义的产生创造了条件。明治政府成立后，掌握实权的资产阶级改革派确定了"殖产兴业""富国强兵""文明开化"三大国策，其中"富国强兵"即实行侵略扩张政策以强国。

在日本天皇的支持下，明治政府积极推行军国主义路线。1874年日本首次用武力入侵中国台湾。1894~1895年，日本发动甲午战争，获胜后，从中国索取巨额赔款，并割取中国台湾及澎湖列岛等地。1900年，日本参加八国联军侵华战争。1904~1905年，日本发动了日俄战争，日本获得胜利，攫取了沙俄在中国东北南部的权益。

20世纪初，日本军部势力逐渐增强，军国主义思想甚嚣尘上。1926年，昭和天皇（裕仁）即位。1927年6月，田中义一内阁召开"东方会议"，向天皇呈奏《帝国对满蒙之积极根本政策》，宣称"惟欲征服中国，必先征服满蒙，如欲征服世界，必先征服中国"，明确了侵略中国的方针。1931年九一八事变后，关东军推行大陆政策，武装占领中国东北，军国主义分子的侵略野心更加膨胀，矛头对准了苏联。与此同时，细菌战的主张得到日本上层军事集团的青睐，日军开始研制细菌武器，准备进行细菌战。到1945年8月日本战败为止，细菌战活动长达10余年。

据史学家研究，日本研究细菌由来已久。1916年，日本陆军军医学校在细菌学教学中，就讲授过如何进行家畜战。1918年11月，日军少佐长谷部照信获悉苏俄密探亚历山大正在搞细菌战研究并拥有大量细菌的情报后，他将细菌战作为主要问题向参谋部汇报。此后，陆军省医务局开始研究细菌战。军部曾要求东京科学研究局"研究出一种或多种人力无法抗拒的秘密杀人武器"。由于在限期内没有完成任务，局长伊藤工学博士因"工作不力""浪费国家财力"等罪名被逮捕法办，参加研究的40多名科学家也全部被降薪并调转其他工作。细菌研究工作一度中断。

日本再度研究细菌战的发起人是石井四郎，他提出了准备细菌战的主张。日本是个岛国，人口少，兵源不足，又缺乏五金矿藏，发动侵略战争是难以取胜的。石井四郎顺应日本统治阶级的意愿，抛出关于细菌战的构想，为此，他经常到参谋本部游说。

他的前期思想核心是用细菌战弥补日军在侵略战争中的资源不足问题，他认为细菌武器杀伤力大、传染性强、死

石井四郎

亡率高，而投资又少，节省钢铁，是一种很有力的进攻武器。

他献计说："缺乏资源的日本，要想取胜只能依靠细菌战。"他的主张得到日本著名军事"科学家"小泉亲彦、陆军省军务局长永田铁山等人的支持，他被派出国考察。回国后，他积极倡导创建细菌部队。在这种形势下，陆军省医务局卫生课长梶塚隆二推荐石井四郎研制细菌武器。于是，在日本当局及一大批军国主义分子的策划下，细菌研究所开始筹建。

二、细菌部队的组建及准备细菌战

1932年8月，在日本东京若松町的陆军军医学校内创立了细菌研究室，对外称"防疫研究室"，由石井四郎领导，开始研究细菌武器。

1933年，细菌研究室进行扩建，对外改称"防疫研究所"，成为日军准备进行细菌战的研究中心。同年8月，日军在哈尔滨市南岗区秘密设立了石井部队，其附属细菌实验场设在70千米以外的

日本东京陆军军医学校内的细菌研究室

五常县的背荫河，在关东军内部，这支部队被称为"加茂部队"。"加茂"是石井四郎家乡的地名，由于大部分队员都来自这一地区，所以有这样的称谓。该部队开始细菌战的研究、生产和人体实验。

1936年，根据日本裕仁天皇敕令，日军参谋本部扩编石井部队，设立了在长春市孟家屯的若松部队，即后来的满洲第100部队，对外称"关东军军马防疫厂"。

1937年，七七事变爆发时，日军已进行了将近20年的细菌研究工作，细菌武器经过在实验室内及用人体实验的方法检查后，成为关东军手中异常厉害的武器。石井向参谋本部报告说："731部队已经研究好了用感染鼠疫菌的跳蚤作为细菌武器的方法，这方面所达到的成绩可以大规模地实际应用于战争目的。"[1]

1938年6月，石井部队迁驻哈尔滨平房地区，改称"东乡部队"，"东乡"是石井的化名，用以纪念他心目中的英雄东乡平八郎。秘密番号为"满洲第659部队"，编制2000人。同年接收了满铁卫生研究所，并将其改称"大连卫生研究所"。

1939年开始，日军在中国各地陆续实施细菌战，杀害中国军民。

1940年12月，关东军司令官梅津美治郎签署关东军作战命令"甲字第398号"，根据该命令，石井部队在海拉尔、孙吴、牡丹江、林口分别建立了4个支队，编制扩充到3000人。

1941年，关东军司令官下令全军所属部队及机关都采用番号时，石井部队才改称为"满洲第731部队"。

日军在不断扩充731部队的同时，还在我国各地陆续成立了18

---

[1] 郭成周、廖应昌：《侵华日军细菌战纪实》，第41页，北京燕山出版社，1997年。

个师团的防疫给水部（即细菌部队），在战场上的各师团中进行细菌战活动。随着日本军队活动范围的扩大，又补设了机动性部队。主要细菌部队有关东军第100部队、北京北支甲第1855部队、南京荣字第1644部队、广州波字第8604部队、新加坡冈字第9420部队。而731部队则是日本细菌武器研究中心和细菌战指挥大本营。至此，日本细菌部队形成了具有一定作战能力的完整的细菌战体系。

日军细菌部队的公开身份是某方面军或师团的防疫给水部队，每一个方面军均设有防疫给水部本部，每一个师团设有防疫给水部。另外，每个防疫给水部本部均设有支部。各防疫给水部表面上是负责部队的防疫、给水等工作，实质上是研究、生产细菌武器，实施细菌攻击，杀害和平居民。

第二章

731部队的细菌研究
和细菌生产

石井四郎所进行的细菌研究和实验、生产工作是紧密相关的，就其专门性质和特别内容来看，就是"要探求和制造细菌武器以及研究使用此种武器的方法"[1]，而根本目的就是发动和进行细菌战。石井部队入侵我国后，从在日本以细菌研究为主的准备阶段转为以实验和实战为中心的实施阶段。1933年8月至1939年7月，石井部队在中国进行了大规模的细菌实验活动。1939年7月至1945年8月，石井部队在继续进行细菌实验活动的同时参加了我国各地的细菌战。其间，石井部队的一切罪恶活动都是在日本关东军司令部、大本营、日本天皇的授意和支持下进行的。

在日本，细菌研究工作之所以受到重视，其根本原因就是它顺应了日本侵略扩张政策的需求。石井四郎正是在这种形势下被发现、成长起来的。他深受日本军方的器重，以细菌专家著称，极力

石井四郎（前排左五）、北野政次（前排右四）在日本医学家集会上

---

[1]《前日本陆军军人因准备和使用细菌武器被控案审判材料》，第431页，外国文书籍出版局，1950年。

主张细菌战，一手创立了731部队。尽管他生活放荡、劣迹斑斑，又因贪污军费而被撤职，但出于细菌战的考虑，日本当局还是再次起用了他。

　　731部队名义上编在关东军序列，实质上是日军参谋本部直接领导的特种部队。其人员配备比其他部队高出一等，配有1名中将、80余名校级军官、300余名判任官，编制约3000人，但经常缺员500人左右。其隶属关系依次是：大本营（陆军大臣）、关东军司令官、关东军防疫给水部部长、各分部部长及卫生研究所所长。731部队长：1936年至1942年7月为石井四郎少将（1942年石井四郎因贪污军费被撤职）；1942年8月至1945年2月由北野政次少将接任；1945年3~8月，石井四郎重任部队长，并晋升为中将。

731部队长北野政次

第一节　细菌研究实验基地

一、日本东京陆军军医学校（细菌研究室）

　　1932年8月，在东京陆军军医学校内建立细菌研究室。细菌研究室规模较小，设在防疫部的一个地下室里，石井四郎仅有5名助手。他们在防疫名义的掩护下，进行细菌研究和培养。

1933年，日本陆军参谋本部批准拨出20万日元军费，扩建了细菌研究室。细菌研究室增设了办公室、机械室、变电室和仓库，还修建了小型木结构的动物饲养室，对外改称"防疫研究所"。大批研究人员从事鼠疫菌、霍乱菌、伤寒菌、鼻疽菌、瓦斯坏疽菌的培养、使用和预防方法的研究，研制带有细菌的地雷、榴弹、枪弹和在水面上使用的玻璃弹。

在东京陆军军医学校，石井四郎重点研究了细菌战中的两个问题：一是防护用的滤水净化器，二是石井式细菌培养箱及细菌战剂。

1950年2月8日，《赤旗报》发表文章《东京是细菌战的中心》，揭露了石井四郎将200份细菌实验致死人员的登记表作为绝密材料锁在地下室里的事实。1990年，在原细菌研究室旧址施工时，28具尸骨被挖出。据专为此事件成立的人骨问题研究会考证，这些人骨为中国东北人。经分析得知，这些尸骨是当时在细菌实验过程中被无辜杀害者的遗骸。[1]

二、中国东北背荫河的"中马城"

为了扩大细菌实验范围、大规模生产细菌，石井四郎请陆军省军医总监西汉行藏中将转交给陆军大臣荒木贞夫一份报告，要求把细菌研究中心转移到中国东北。日本大本营批准了这个报告，据原731部队第四部部长川岛清在伯力受审时供称，在中国东北建立细菌实验基地的原因有二：

---

[1] 王一汀：《白衣恶魔》，第10页，中国大百科全书出版社，1998年。

东京陆军军医学校细菌研究室技术人员工作情形

东京陆军军医学校细菌研究室的技术人员正在制造细菌培养基

第一个原因，就是需要在邻近苏联边境的地方建立细菌战根据地，以供将来实行进犯苏联之用，因为苏联远东地区是包括在日本军阀侵略计划以内的……

第二个原因，就是在满洲境内有可能获得大量非日本籍的活人来做细菌实验的材料，并且满洲地域也很辽阔。[1]

1933年8月，在哈尔滨南岗区宣化街和文庙街中间地带，设立了细菌研究所，其附属细菌实验场设在背荫河。石井四郎化名"东乡"，挂名满洲医大教授的虚衔，住在长春遥控这支细菌部队。

背荫河距哈尔滨市南约70千米。1932年秋，石井部队派黑田大尉带领一队日军选址，看中了背荫河。

"中马城"是背荫河细菌实验场的别称，与石井部队本部同时建立。因有个叫中马的大尉管辖这个"兵营"，因此人们称它为"中马城"。

"中马城"设三重围墙，最高的有3米多，墙顶上架设着两道铁丝网，中间有一道高压电网，围墙四角各修筑一座坚固的炮楼，安设两盏活动式探照灯。墙外有两米深的护城壕，正门朝北，一座吊桥横跨护城壕。吊桥里侧是两扇黑漆城门，由两名日本兵把守。西正门设双岗，门口立着一块白色大木牌，上面写着："未经关东军司令批准，不得入内。"

"中马城"与世隔绝，极端保密。"兵营"截断了北面的沙石道路，来往行人必须绕道而行。中国人一律不准靠近，一旦有靠近的，就以政治犯给抓起来。村里实行"十座联保"，一人惹事，祸

---

[1]《前日本陆军军人因准备和使用细菌武器被控案审判材料》，第122~123页，外国文书籍出版局，1950年。

加茂部队背荫河细菌实验场遗址

及9户。夜间一律实行戒严。当时背荫河附近时常有人失踪。

"中马城"渐渐地引起附近村民的怀疑。夜深时，人们经常听到从"中马城"里传出来微弱的惨叫声。夜幕下，村民间或看见从哈尔滨方向开来的蒙着苫布的大汽车。"中马城"里那座大烟囱时常冒着浓烟，散发出一股焦臭味，不时飘出一片片带布纹的飞灰。在"中马城"成为废墟后，村民还在一个大烟囱的地基旁边挖出过骨灰和未烧透的碎衣片。村民们确信"中马城"的大烟囱是炼人炉，但不知道这里是细菌研究基地。

"中马城"的秘密是在"监狱暴动"后被揭开的。东北抗联领导人之一冯仲云根据亲历者王子阳的叙述，在《东北抗联十四年苦斗史》中作了如下记载：

"中马城"监狱里关押的人是日伪当局从中国东北各"矫正院""收容所"秘密运来的。监狱里伙食很好，主食是大米、白面，逢年过节，还给肉吃、给酒喝。只是都戴着手铐、脚镣，没有人身自由。奇怪的是，被提审的人多数回不来。监号里人减少后，又押来新的"犯人"。对此，日本看守蒙骗说，被提审的人都送到外面看病去了，为了打掩护，日本人还时不时地把"病"得奄奄一息的人提回来，押在牢房单间里。

时间不长，监狱里的人就知道了日本人的险恶用心：被提审的人都被秘密地押进地下室，分别绑在墙壁的铁钩子上，任穿着白大褂的日本人用粗大的针管在他们的动脉上抽血。日本人天天采血。那些失血过多、身体极度衰弱的人，有的被砍死，有的被注入毒药毒死。尸体全部被拖进炼人炉火化，骨灰就地埋掉。火葬炉在监狱西侧。"石井四郎的二哥石井刚男负责这里的工作，当时他化名细谷。被实验致死的爱国者，由日本人将其尸体秘密运到这里进行火化，骨灰就地埋掉，不留下一点儿痕迹。"[1]

至此，人们才明白"中马城"是731部队建立的细菌实验基地。从1933年"中马城"建成后，石井部队便开始进行大规模的人体实验。监狱里关押着1000多人，每天实验数量达数十人。石井部队边实验边补充"活体实验材料"，屠杀中国人民。

三、哈尔滨南栋

"南栋"是加茂部队的本部，位于哈尔滨南岗区宣化街和文庙街中间地带，在日本陆军医院的南院。本部的主要任务是制造滤水器和石井式土陶细菌弹壳。它临街的大铁门经常关闭着，由日本兵把守。细菌实验活动在里面二层楼内由日本军医秘密进行。

日本作家森村诚一在《恶魔的饱食》中描述，哈尔滨市吉林街

---

[1] 冯仲云：《东北抗联十四年苦斗史》。

731部队前身加茂部队本部旧址

有个白桦别墅，主体为两层红砖大楼，部分是三层楼。731部队队员乘车从白桦别墅出去，都要换成市民装束，严格保密。这里对外是伪满洲国政府接管的一个建筑物，实质上这里是731部队的秘密联络站。当时，即使在哈尔滨的日本人也很少有人知道内情。

如此神秘的细菌部队，在大城市进行大规模的细菌实验活动有诸多不便，一旦露出蛛丝马迹，会遭受世界舆论的更大谴责。于是，石井四郎酝酿出一个更大的阴谋，决定移师哈尔滨平房。石井四郎的计划得到了日本裕仁天皇的批准。

四、哈尔滨平房镇

（一）特别军事区域

1933年，日本侵略者修筑拉滨铁路，在哈尔滨的平房屯附近设置一个小站，称平房站。1935年，石井部队开始在平房站以北4千米处勘测圈占土地。1936年春季，平房地区开始大兴土木。1938年平房细菌基地基本竣工，主要工程有水源地、供水室、备用火力发电厂、平房站和孙家站两条铁路专用线、本部办公大楼、四方楼及附属设施、监狱、飞机场、军用物资仓库及东乡村生活住宅区各类建筑物，到1940年工程才结束。平房成为日本军事重镇，世界上最大的细菌实验魔窟。

1938年6月30日，在日本关东军发布了"关于设立平房特别军事区域"的第1539号命令后，平房镇与日本空军8372部队营区、731部队营区构成特别军事区域，面积达120平方千米。

特别军事区域分为甲号区域和乙号区域。甲号区域为特别控制的"无人区"，地段为731部队周围的5千米左右地域；乙号区域为一般控制区，为甲号地段以外的方圆115平方千米的区域。日军

建造中的731部队基地

将731部队区域内的村民全部赶走，强迁居民546户，拆除和占用民房1638间，良田610垧，这一带成为"无人区"。日军清村占地，划定特别军事区，致使当地村民流离失所。

日伪军在平房特别军事区域边界外1.5千米的交通路口处设立木制界碑，上面写着汉字，大意是：非特别军事区域的人，未经批准不得入内，如有违者，按伪满洲国《治安保护法》论处。在甲号区域外设立"军用地"界标。

居住在特别军事区域的居民凡年满16周岁者必须办理由伪香坊警察署颁发的"特别居住证明书"，其封皮为紫色，有效期1年。证明书要随身携带，随时接受检查，否则立即逮捕。外来人员一律到伪警察署所属的派出所登记，办理限定期限的白皮"临时居住证明书"，离开时，必须办理注销手续。

平房站前后约60华里铁路线被称为"60里地国境线"，火车路过时必须挂窗帘，严禁旅客向窗外张望。有不少旅客因不知规定向窗外张望，成为政治嫌疑犯，被投入日伪警察署和宪兵队。飞机也

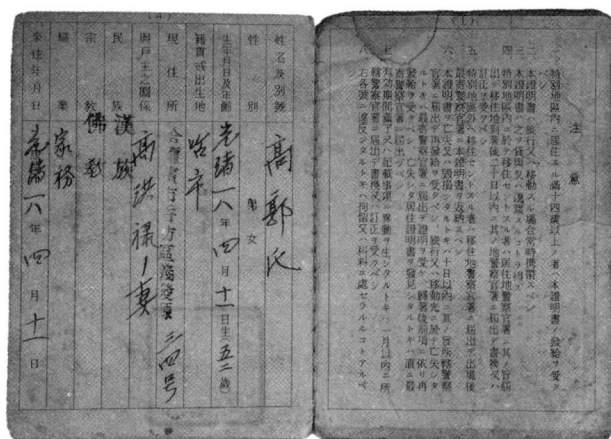

在平房特区使用的居住证明书

要远离这条航线，731部队对违航飞机会强迫其着陆，否则，无论是日军其他部队的飞机还是民航飞机，731部队都将予以击落。

特别军事区域内各村屯都组织成立了"协和班"，协助观察可疑人的动向。老百姓实行联保联坐制度，每10户联保，一人有事，其他9户连同遭殃。

日本宪兵、日伪警察及其汉奸走狗相互勾结，对平房特别军事区域实行军事管制，百姓稍有不慎，便遭祸殃。

（二）731部队本部

平房镇驻地是731部队细菌研究、生产、实验的中心，包括第一部、第二部、第四部、教育部及生活区域东乡村。它占地约16万平方米，主要建筑物有80多座，中心建筑为本部大楼（1栋）和四方楼。

731建筑群全貌

本部核心区四周筑有土墙，高2米，周长5千米，土墙上架设着铁刺电网。墙外有护城壕，宽3米，深2.5米。四面都有大门，其中东门两个，门旁建有卫兵所。南门为正门，为对开铁栅栏大门，门西有偏门。门内设卫兵所、岗楼。门口竖立一块警示牌，上面写着："未经关东军司令部批准不得入内。"南门为日本人专用门，设双岗，配备日本警力1个班。东、北门供中国劳工上下班出入，西门非特殊情况不开启。

1. 本部

本部大楼（1栋）是731部队指挥中心，正对南门，砖混结构，为人字形屋顶的两层楼，建筑面积2350平方米。二楼自东而西依次为731部队长办公室、卫生间、副官室。一楼为侍卫官室、总务部、灵安室、宪兵室。一楼一层西侧为诊疗部，二层西侧为陈列馆。楼内走廊向北延伸，与四方楼连接；地下暖气管道也与四方楼相通。楼内地上、地下均有更衣室。楼东、西两侧均连接着平房。东侧为配电室和器材供应部办公室，面积为711.5平方米；西侧为日本人食堂，后改为兵器库，面积884平方米。紧靠西侧平房是卫生间，面积35.8平方米。

2. 四方楼

四方楼亦称"口形楼"，其主体为四周合围封闭式长方形平顶砖混结构的三层楼房，建筑面积约20000平方米，是731部队体量最大的建筑物。四方楼为院中院，东、北为砖墙，西侧为铁丝网。日本警备队昼夜设岗，戒备森严。楼内一层有柄泽班，为细菌工厂；二层有吉村班、凑班、江岛班、太田班、冈本班、石川班、内海班，均从事各类细菌研究工作；三层有田部班、二木班、草

731部队本部旧址

味班。

　　四方楼北侧连接的平房为高桥班、笠原班细菌研究室，西侧平房为野口班细菌研究室。再往西有饲养动物的石井班，建有事务所、动物棚舍7座，还有饲料加工房及大型菜窖。再往西北约200米，驻有兵训班，它是类似四合院的方形栋。南面房屋为制造小型细菌武器的高、低温实验室，灭菌室，研究室，菌苗及疫苗贮藏室。东、西、北面房屋为汽车、坦克、火炮等机动车库，也称"实验器材室"。四方楼北部为吉村班的冻伤实验室，为两层平顶建筑物，面积235平方米，房顶部有许多通气孔，内壁有固定隔热设备的铁钩，室内有固定冷冻设备的水泥基座。与此连接的是冷冻室配套使用的实验室，上下楼有3个单间，面积80平方米。东北角有4栋房舍，为田中班的昆虫动物舍，周围砖院墙高2.2米。临近还有5栋房舍，为装配和贮存细菌弹的场所。四方楼以东、铁路专用线附近的二层小楼是毒气实验室。

731部队四方楼鸟瞰图

3. 焚尸炉与解剖室

（1）焚尸炉

731部队有3座焚尸炉，一座位于四方楼西北角，主要是焚化因细菌实验致死的人的尸体；一座位于北岗上，以焚化动物尸体为主，偶尔也焚化人的尸体；一座位于原八木班的农田里，日本人死后在这里焚化。据张朝清（原731部队劳工）供认：

四方楼的北边紧接该楼有一栋不明的楼房，在这两栋楼房的西角有一个锅炉，见日寇在此炼过马，并经常闻到好像炼人的恶臭味，使人发呕。

另据双城县周家屯杨维昌（原731部队劳工）讲：

他们的炼人炉我看见过，像个大铁柜子，里面有许多大铁匣子，一个铁匣子正好能装下一个人，把人装上，倒上火油，关上炉子炼。

根据当地群众反映，过去时常闻到从731部队细菌工厂冒出来的烟是炼人的味，烟色特殊。

731部队北岗焚尸炉

（2）解剖室

731部队四方楼有一条秘密地下通道，这条地下道同关押"马路大"的特设监狱的7栋和8栋相连接，由四方楼一层走廊的一角，一直往前走，走到头往左拐，有一个连扶手也没有的楼梯。这里就是地下通道的入口。从没有扶手的楼梯下去向右拐，在地下通道中约走30秒钟，再从一个混凝土楼梯上去。这个上去的楼梯也没有扶手，走到头有一个向外边开的铁门，这里就是地下通道的出口。从地下通道的出口上去，是一间相当大的铺水泥地的房间。房间里面，很高的天花板上，吊着许多特别大的灯泡（相当于现在的无影灯），在这些灯的下面，有铁制的手术台。乍一看，这里好像大学附属医院的手术室。和手术室不同的是，除了铁床（手术台）以外，看不到像样的医疗器械，却有好几个水桶和装着福尔马林溶液的大型玻璃标本容器。这就是731部队的解剖室。[1]

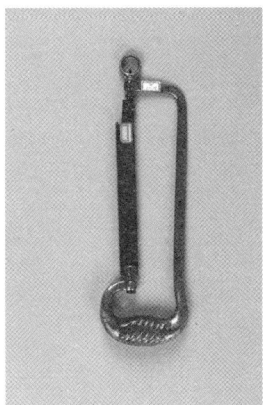

活体解剖时使用的截骨锯

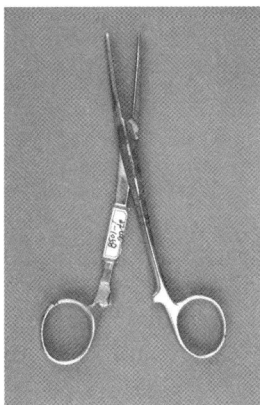

活体解剖时使用的
手术剪、止血钳

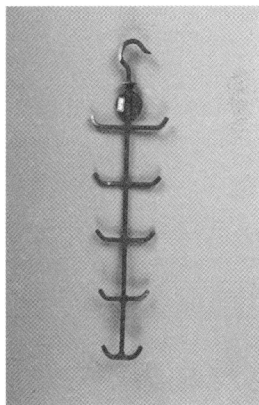

解剖时使用的脏器挂架

---

[1]〔日〕森村诚一，祖秉和、唐亚明译：《食人魔窟》，第56~57页，群众出版社出版，1984年。

4.陈列室

陈列室位于本部二楼的左端，规模有总务部的庶务、会计、人事三个课合起来那么大。陈列室的周围是雪白的墙壁。整个房间有普通公寓里带卫生间的三居室的4倍那么大。在靠着雪白墙壁的两层或三层的架子上，整整齐齐地陈列着宽45厘米、高60厘米的盛着福尔马林溶液的玻璃容器。

福尔马林溶液里泡着因细菌实验致死的中国人、蒙古人、苏联人的各种脏器。

脏器标本瓶

原731部队成员说：

部队的上层人物说，"这是从诺门罕事件的战场上采集来的标本"，但这种话是谁也不相信的。因为标本的数量，在随着"马路大"的活体解剖而增加，新的标本越积越多。[1]

---

[1]〔日〕森村诚一，祖秉和、唐亚明译：《食人魔窟》，第37页，群众出版社出版，1984年。

这个房间，不单单是陈列室，也是发表各种研究成果的大厅。被许多人头围在中央发表各种研究成果的医生的形象，看着比人头还要可怕。

5. 监狱

四方楼内侧由中心走廊间隔，分成东、西两个大院。东、西院里各有一座两层楼，这就是秘密监狱，石井四郎称："这是采用德国式的'秘密建筑法'。"东院为8栋，系女监；西院为7栋，为男监。两座监狱外部建筑结构相同，楼房长约46米，宽约14.5米，钢筋水泥结构。据相关资料记载，监狱每层楼南北两侧各6间牢房，共12间，上下两层24间，两所监狱共48间牢房。考古发掘证实，第7栋、第8栋建筑格局基本相同，即中间设通道，两侧为房间（牢房）。两侧房间布局亦基本一致，即中央有一大房间，两旁各置若干小房间。这种大小房间的区别，反映了使用功能的不同。牢房四周走廊为环形，牢房大小不一，多数是集体牢房，也有关押"重犯"的单间，牢房内有水洗式便池。观察窗长约30厘米、宽25厘米，距地面1.2米；投饭口与观察窗一般大小，距地面0.5米。

在日本投降前夕，石井四郎为了毁灭罪证，下令将秘密监狱炸毁。新中国成立后，这里还存在着明显的残墙断壁，砖石瓦砾堆积如山。

6. 实验农场

实验农场位于四方楼西边。建有八木班事务室、1000平方米的植物温室，还有大面积的农田。该部是从事植物病毒研究的实验场，主要研究诱发小麦等农作物的锈病和黑穗病，感染病害的小麦被称为"乌米"。

7. 第三部——南栋

南栋设在哈尔滨市宣化街与文庙街一带，为731部队前身加茂部队所在地。1938年，731部队迁移到平房后，此处改为731部队第三部。设有研究室、工作课、整备队。主要生产滤水器和土陶细菌弹壳。[1]

731部队细菌弹壳制造厂遗址

8. 细菌工厂

（1）平房细菌工厂

该厂为731部队第四部，设在平房，位于四方楼一楼。本部1栋后面有镶瓷砖的消毒槽和更衣室。设有浴室，浴池里装满了石碳酸溶液。一楼左边是培养基室，设有冷却室、无菌室。无菌室为玻璃房，约60平方米，从天花板往下喷洒消毒液。

（2）安达细菌工厂

该厂在安达城东38里五区富本村鞠家窑东碱甸子小丘上。小丘高约15米，四周无居民。1942年前，该地无建筑物，为野外实

---

[1] 韩晓、辛培林：《日军七三一部队罪恶史》，黑龙江人民出版社，1991年。

验场，因实验致死的动物掩埋在炸弹坑内。1943年，该细菌工厂开始建设。主要建筑物多为地下室，有消毒室、实验室、宿舍、食堂、浴室、仓库，还有牲畜棚圈，另有帐篷群落。

1941年，日军在该地空投装有药品的瓷炸弹，炸弹坑面积5平方米。

1943年春，富本村闹过瘟疫，症状是上吐下泻。全村百余户死亡，瘟疫是731部队细菌实验造成的。[1]

9.野外实验场

731部队的野外实验场大体分两种。一种是固定的，如在731部队附近地区的城子沟和安达、佳木斯、陶赖昭等地设置的实验场。另一种是非固定的，如在肇东县的满沟、呼伦贝尔草原、东北东部的山区等地设置的临时实验场。

（1）城子沟实验场

731部队利用平房附近的城子沟辽金古城址进行细菌实验

---

[1]《前日本陆军军人因准备和使用细菌武器被控案审判材料》，第13页，外国文书籍出版局，1950年。

城子沟是辽金时代的古城址，方圆9万多平方米，四周筑有土墙，并有城门4处。城子沟实验场距731部队西南5千米，是731部队的野外细菌与毒气实验场，1941年建。

（2）安达特别实验场

安达镇位于滨洲铁路线上。1941年，731部队在距该镇东18千米处的鞠家窑附近建立了一个特别实验场，也称"安达特别靶场"，周围是平坦的大草原。它隶属于731部队第二部（细菌实验部）。地面为没有跑道的飞机场，飞机在稍加修整的跑道上可以正常起飞。实验场本部设在距鞠家窑1千米处的土岗上，地下室有4栋，约30个房间，为营舍、细菌实验室、汽车库、食堂、浴池等。

（3）陶赖昭实验场

陶赖昭实验场距陶赖昭车站1千米左右，是靠近松花江的一个天然沙场，为731部队野外细菌实验场之一，1941年建。

第二节　细菌研究

石井四郎及其部下几乎对当时所知的各种细菌及烈性传染病进行了研究，包括鼠疫、霍乱、炭疽、赤痢、伤寒、气性坏疽、猩红热、流行性出血热、百日咳、性病、结核病等。为配合研究，提供实验材料，731部队关押了大批的活人，饲养着鼠类、跳蚤以及马、牛、羊、鸡、鸭等动物，还培植有麦子、高粱、苞米等毒株植物。

与此同时，731部队也研究预防各种细菌感染和烈性传染病的疫苗。渡边博士利用超声波装置研究细菌学，取得成效，在《石井纪要》上发表过许多实验报告，引起学术界和石井四郎的重视。石井四郎千方百计地把渡边博士调到731部队，委派他领导菌苗班，专门研究、制造各种疫苗。

一、细菌研究会

日军军医中尉秦正氏供述了731部队细菌研究会开展活动的情况，他说：

这个研究会是731部队长北野主持的，平常每个月召开一次。参加的人除了经理官、卫生军官以外，各部少尉以上人员及相当于少尉以上职衔的技师都可以参加。平常只有四五十个人参加研究会。在研究会上发表的主要是各部门一个月来研究工作的报告，但不一定每个部都要报告。在我参加的期间，发表最多的是第一部关于武器生产的基础研究报告。发表人主要是二木技师、高桥正彦军医少佐、吉村寿次等人。我自己在这个会议上做过两次补充报告。1945年1月，高桥正彦报告了关于给3名中国人注射鼠疫菌，使其发生肺鼠疫和腺鼠疫后，用日本制的磺胺剂试行"治疗"，终于使其死亡的情况。我当时正译苏联关于鼠疫研究的论文，以此内容做了补充报告。1945年1月间，第一部吉村班武藤技师用一名中国人进行实验，得出增加食盐的使用量可提高其基础代谢的结论。在武藤做这个报告时，我提出了"基础代谢的提高是否有潜伏期"的问题，从而帮助了他的研究。[1]

---

[1] 中央档案馆等：《细菌战与毒气战》，第11页，中华书局，1989年。

二、资料翻译

日军军医中尉秦正氏是细菌研究会成员，他在731部队一年期间翻译了150篇有关细菌方面的文章，主要译的是流行性传染病、营养学及捕鼠方面的书刊，这些翻译作品是细菌研究会的参考资料。

731部队细菌研究会借助翻译资料搞人体实验。秦正氏供认：

诊疗部长永山太郎军医大佐，对于染患炭疽的爱国者，实行了各种"治疗"之后，终于使之死亡，我翻译的"炭疽的二例"中的治疗法，曾被永山用来进行试验。

他在另一份供词中说：

1944年12月前后，我介绍了苏联医学关于"瓦斯坏疽治疗血清力价测定"及其他有关瓦斯坏疽的治疗的文件约3篇，唆使第一部二木技师进行了如下残忍实验，即二木以我所翻译的材料为基础材料，提高菌毒力的研究。于1944年12月前后，将一名中国爱国者的大腿局部切开，在刀口的一面接种上瓦斯坏疽菌，在刀口的另一面接种上坏疽菌和沙土的混合物，然后对两边的发病状态作对比研究。确认了沙土混入可使瓦斯坏疽病毒力增强。被实验人的肢体肿胀得非常厉害而陷于坏疽的状态。然后对其施以外科的切开手术及其他各种"治疗"，终于使之死亡，尸体由诊疗部的军医中尉作了病理解剖。[1]

---

[1] 中央档案馆等：《细菌战与毒气战》，第73页，中华书局，1989年。

三、观看影片

1944年12月前后，在北野政次部队长、第二部部长碇军医大佐指挥下，731部队在安达实验场进行了一次实验。这次实验被拍成影片。影片内容是：

将约6名爱国者戴着脚镣从押送的汽车上拖下来，将他们倒背手绑在间隔约20米的木桩子上，叫他们跪在地上……（然后），飞机从100~200米的高空投下携带炭疽菌的细菌弹，随着细菌弹的爆炸，纯粹培养的炭疽菌散布在这几名爱国者的鼻子、咽喉的黏膜上。[1]

影片放映数日后，诊疗部永山太郎军医对1名爱国者进行了炭疽菌实验，致使这名爱国者死亡。

四、研究成果

（一）石井四郎的"发明"

1.石井式滤水器

石井四郎任陆军中佐时借鉴19世纪欧洲细菌学家巴斯德的弟子张伯伦所发明的家庭日用品沙滤缸（在实验室里使用时称"过滤烛"），发明改进了滤水器，以备进行细菌战防护之用。这种过滤器为硅藻土烧成的瓦器，通过让水流过瓦器的细微粒子，排除细菌，确保饮用水的清洁。为推行滤水器，石井四郎曾在参谋本部附

---

[1] 中央档案馆等：《细菌战与毒气战》，第72页，中华书局，1989年。

石井式滤水器的实际操作演习

近池塘进行试验，在众参谋面前，将池水盛进滤水器里加以过滤后，他当场喝下，证明没有细菌。另据说石井四郎曾把自己的尿用滤水器过滤成清水，带到陆军参谋总部，当众喝下。滤水器由帝国医疗株式会社承担生产。此后经过多次改良，帝国医疗株式会社制成各种规模的滤水器，大的为汽车上的水槽；小的像水枪般大小，可随身携带。当时，日军在作战期间携带这种滤水器。后来，这种滤水器被淘汰，因为它阻挡不了病毒。

2.石井式陶瓷细菌弹

石井四郎设计出以陶瓷或硅藻土烧制的弹壳，用少量炸药从外部引爆，爆炸时热量小，不会伤害弹壳内的细菌或带菌跳蚤。731部队原队员濑越说明了陶瓷细菌弹的制作过程：

先将泥土碾成土粉，掺上水，然后将其制成具有必要密度的泥浆，把这种泥浆灌到特制的石膏模型内去。这模型是炮弹式的。因为石膏能吸收水分，于是这泥浆外层就干硬起来。之后把石膏模型取下来，并把里面剩下的泥汁倒出来，就得到炮弹壳样式的陶器。然后把制好的炸弹壳放到特备的炉里去烘干。这种炸弹长七八十厘米，口径为20厘米，下面有一个螺旋孔。弹壳里面是空的。螺旋孔是预备安放雷管的。这种弹壳外部刻有曲线槽沟。炸弹顶端有一些安放调剂降落器的设备。在弹壳外面那些沟槽里放上炸药，炸弹就是借此爆裂的……

这种炸弹里面放的是装有鼠疫跳蚤的瓷瓶子……这种炸弹壳是陶瓷制品并且很薄，只要放上很少炸药就行，所以爆炸力不大，结果使跳蚤免于死亡，因为无论爆炸力、空气抵抗力及热度都不能对跳蚤产生什么实际影响。[1]

最初研制的石井式土陶细菌弹	为引爆细菌弹而用的引信管

---

[1]《前日本陆军军人因准备和使用细菌武器被控案审判材料》，第405页，外国文书籍出版局，1950年。

3.石井式细菌培养箱

石井四郎在东京陆军军医学校任教时开始研制细菌培养箱，1932年以生产人用疫苗为理由申请了专利，说细菌培养箱是为了解决当时部队痢疾流行问题而生产疫苗之用的。事实上，这种细菌培养箱不能用来制造痘苗，因为它难以保证消毒；不能避免空气中的杂菌进入；从细菌箱铝板上刮下的细菌，不可避免地带有金属碎末和氧化铝；在铝箱板壁上的细菌是不透明的，无法看到培养膜背面所产生的厌气性细菌，这是生产痘苗最忌讳的。因此，这种细菌培养箱是专为进行细菌战而研制的。它生产孵育出的各类活菌，被大量保存下来，用以感染人群。

梶塚隆二在伯力受审时供认石井式细菌培养箱繁殖细菌过程的种种特点就决定了这种培养器不能来制造痘苗，只能制造用于细菌战的各类细菌。田村良雄曾使用过这种培养箱，他说：

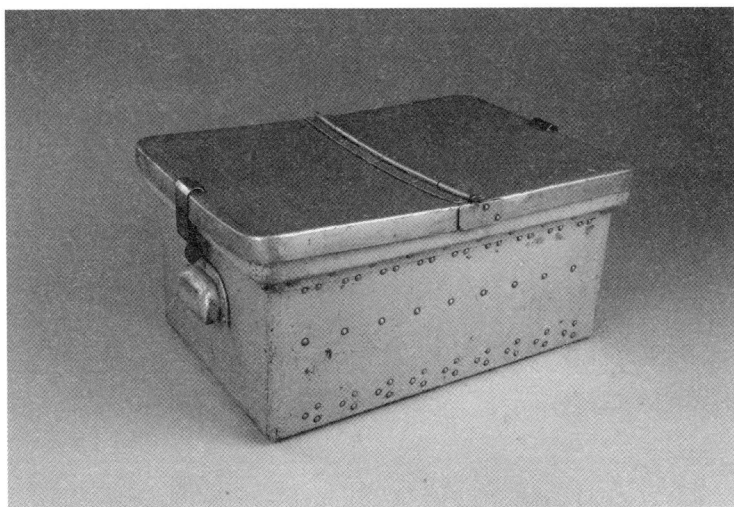

细菌培养箱

石井式培养箱比普通玻璃培养瓶大40倍。但由于它的暴露面大，因此不管怎么小心，也不能防止杂菌的混入。我用此箱做细菌培育时，那些来监督的少校和班长说"有少量杂菌没关系"。制作人用疫苗时如有杂菌混入，就会发生很多副作用，所以很显然，它不是为了做人用疫苗的。[1]

4.带有鼠疫菌的老鼠和跳蚤

根据石井四郎的理论，731部队把带鼠疫菌的老鼠和跳蚤作为细菌武器进行细菌战。石井四郎认为，这种细菌武器杀伤力优于枪、炮，不用发射器瞄准，便可大面积地攻击具体目标。只需将细菌战剂注入带跳蚤的老鼠体内，使细菌寄生在跳蚤体内，得到一种活的保护壳，使其免受外界因素的影响，然后将老鼠施放，就达到了发射枪炮的目的，通过带菌跳蚤去传播细菌。老鼠死后，跳蚤还会袭击其他老鼠、人或牲畜，造成鼠疫流行。跳蚤成为保护细菌、传播细菌的媒介物。带鼠疫菌的跳蚤，通过特务施放后，立即开始传播细菌，且传染面广，杀伤力极强。侵华日军在空袭宁波和常德时使用了这种方法。此外，石井部队还发明了自来水笔式或手杖式施放鼠疫跳蚤器。

5.人体实验和活体解剖观察

石井部队首先在实验室条件下进行实验，他们把各种细菌，如鼠疫菌、炭疽菌、伤寒菌等，注入或灌入人的体内，系统地、大规模地用活人进行惨无人道的实验，并将被实验人全部杀死、解剖、焚尸。他们还在有特种装备的打靶场上，把人固定在铁桩子上，然

---

[1]〔日〕《1993年日本城北县731展报告集》，第59页。

后从飞机上投撒细菌弹，进行野外实验，从而检查各种细菌武器的效能。最为残酷的是活杀解剖——不用麻药，直接解剖活人。

五、细菌研究报告

731部队细菌研究会每月召开一次。在研究会上，各细菌研究小组分别作研究报告，有价值的发表在《石井纪要》上。后因石井部队销毁证据，大部分研究报告未能公布于世。现搜集到的报告有7篇，即《因"黄弹"射击引起的皮肤伤害及一般临床症状观察》《关于破伤风毒素及芽孢接种的肌肉"时值"》《关于航空体质的研究——冻寒期航空对人体的影响》《关于南京保卫战的中国军伤兵的血型》《在一定浓度的硝基三氯甲烷熏蒸下动物生存时间等的观察》《发热疹的实验室工作感染例》《满洲流行性出血热的发生及分布（其三）——八面通附近部队的流行性出血热调查报告》。

第三节　细菌生产

一、细菌种类

石井部队进行了对各类传染病菌的研究生产工作，其中最主要的是鼠疫、伤寒、霍乱、炭疽、赤痢等细菌。

（一）鼠疫菌

鼠疫是一种烈性传染病，病原体是鼠疫杆菌。其传播途径是用带鼠疫菌的跳蚤去感染当地的老鼠，再通过带菌老鼠和跳蚤这种媒介传染人或动物，从而造成鼠疫流行。

疫鼠解剖后，其淋巴结和脾脏肿大，有米粒状结节，黏液膜及内脏充血并呈溢血斑。将疫鼠淋巴结穿刺液涂片，经美兰染色镜检，找到两端染色较深、肥大短小的革兰氏阴性杆菌。这种杆菌就是典型的鼠疫杆菌形态。疫鼠和疫蚤制成的细菌弹为731部队的王牌武器。鼠疫临床分为三种类型，即腺型、肺型、败血症型，也有几种症状交替感染的。一般症状是：高烧、打冷战、呕吐、眼睛充血、浑身乏力，随之淋巴结肿大，皮肤干皱发紫。腺型较常见，病死率50%～90%；肺型患者常因心力衰竭、出血而死亡，死亡率达70%～100%；败血症型发病迅速，患者全身中毒，中枢神经系统遭到破坏，神志不清、心力衰竭、七窍出血，在24小时之内死亡，死亡率100%。

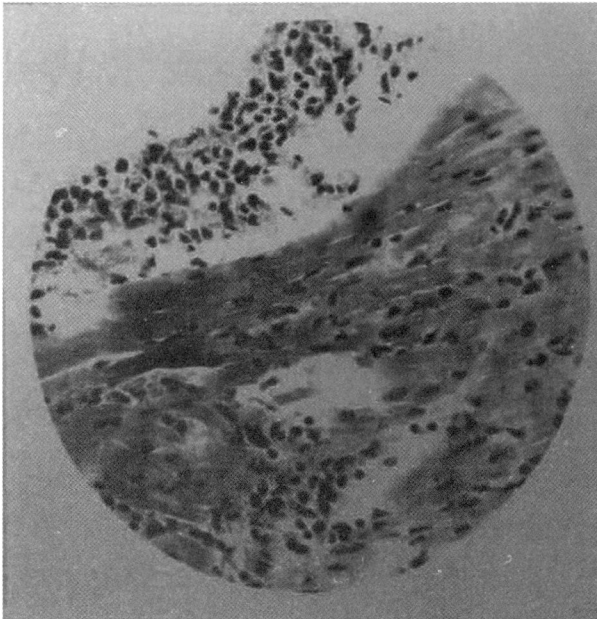

731部队鼠疫菌实验报告——严重心内膜反应（间质反应）

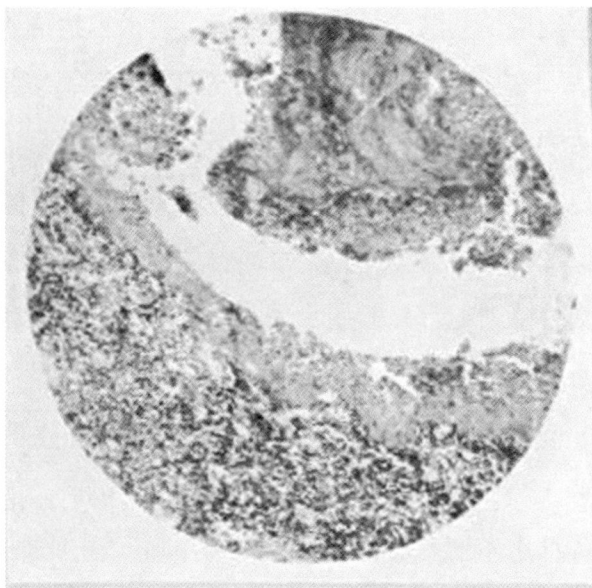

731部队鼠疫菌实验报告——上皮质层严重坏死

（二）霍乱菌

该菌为肠道传染病菌。霍乱一般症状是：呕吐、腹泻，大便稀释如淘米泔水，四肢痉挛冰凉，手指、脚趾干瘪，眼窝凹陷。病程3~5天，患者因脱水休克致死。731部队成吨生产这种细菌。

（三）伤寒菌

该菌为肠道传染病，伤寒也称"战争伤寒"，是战时常见的一种疾病。病原体是伤寒杆菌。患者持续高烧，体温达39~40摄氏度，最高43摄氏度。脉搏迟缓，脾脏肿大，白细胞减少，严重时腹部可能出现玫瑰色斑疹。传染媒介为虱子或跳蚤。731部队研制出一种疫苗，可防治伤寒病。731部队大量生产这种细菌。

（四）炭疽菌（脾脱疽菌）

这种传染病是人畜共患的一种疾病，致死率高。病原体是炭疽杆菌。该病菌耐高温，在100摄氏度高温下可以生存，牲畜感染炭疽菌病死后，血不凝固。患者水肿或长痈，枪伤极易感染，伤口四周红肿，难愈合，体温急剧上升，肌肉出现坏疽并产生炭气。潜伏期6小时左右，发病后很快死亡。731部队使用这种细菌研制榴弹炮，用于进行细菌战。

（五）破伤风菌

这是一种寄生在土壤里的细菌，耐高温，可以制成细菌弹。

（六）巴比斯菌

石井部队发现了一种巴比斯菌，能耐1000摄氏度的高温，可生存20年。当时还没有发现预防这种细菌的方法。[1]此外，在731部队研制的细菌中还有狂犬病菌、结核菌、梅毒菌，731部队还研究白喉、传染性黄疸、猩红热、流行性出血热、百日咳等各种传染病。731部队对在孙吴地区发生的"孙吴热"，即流行性出血热进行了重点调查和研究实验。

二、细菌培育采集

731部队生产细菌实施流水作业。其生产流程为：先用高压蒸汽灭菌锅炉蒸煮营养液。营养液的主要原料有蛋白消化素、干燥肉精等。营养液制出后，装进培养器里。把培养器放到消毒器里进行消毒。之后，进行冷却，植菌苗。把植入菌苗的培养器送到培养室里进行培养。一般24～48小时后，便可采集细菌。

细菌生产是繁重而复杂的劳动，731部队雇员小关重雄所从事的工作是大规模生产细菌。他供认：

---

[1] 中央档案馆等：《细菌战与毒气战》，第31页，中华书局，1989年。

　　培养细菌所用的是液汁或蛋白消化素及肉汤，把这些东西放到特设的锅炉内做成营养液，用以培养细菌，然后就把这种营养液倒进石井细菌培养箱内去，这种培养箱是放置在特设的高气压消毒器内的。然后又把这营养液放到特备的冷器内弄冷，接着就把培养器送到特备的房舍内去植入细菌苗。随后，细菌培养箱经过自动传送器进入特制的孵育器内，那里面保持有一定的温度，例如，在繁殖鼠疫细菌时，温度为35摄氏度。孵育器四周都由金属板保护着，里面安置有保持恒温和相当湿润程度的设备。培养箱从孵育器内经过自动传送器又转入另一个柜子里去。为了取出细菌，备置有一种特种器具，即小匙子，用这种匙子把细菌取出来放到瓶子里。[1]

731部队遗留的高压蒸汽灭菌罐

---

[1]《前日本陆军军人因准备和使用细菌武器被控案审判材料》，第409页，外国文书籍出版局，1950年。

三、细菌种类、产量

川岛清、柄泽十三夫供认了理论上每月生产各类细菌的数量，也说明了第四部第一分部各类细菌的实际产量，即鼠疫菌100千克，炭疽热菌200千克，伤寒、赤痢等其他细菌分别为300千克左右。据各种资料分析，731部队大量生产细菌是从1940年开始的，这是因为在我国各地进行细菌战的需要。

关于各类细菌的产量及生产情况，田村良雄供认的最为详尽。他供述了生产细菌的时间、地点、领导者及生产人员，细菌种类、产量，细菌生产的材料准备、试验和检定工作，细菌转运及使用情况以及菌株的生产情况。据不完全统计，他从1939年被招募为少年队员开始，到1942年离开731部队（1945年又调回731部队）结束，经他参与制造的各类细菌达600多千克。

据测算，每3克纯细菌用适合的手段撒布，可以污染8平方千米范围内的各种水源。而731部队所制造的细菌以吨计数，这给人类造成多么大的灾难！

四、细菌输送

731部队见习士官山下升曾做过细菌输送工作。他供认：

731部队有50多处细菌输送点，主要有安达、长春、沈阳、白城子、新京、海拉尔、黑河、孙吴；关内有天津、青岛、南京、上海、杭州。这些城市的收发点都在郊外。

1939年，日军在诺门罕战争中使用细菌武器后，731部队开始大量输送各种细菌，用于细菌战。田村良雄供认了他多次输送细菌的情况：

1939年7月上旬至8月下旬，731部队生产供诺门罕事件中细菌作战使用的伤寒病菌、霍乱病菌、发疹伤寒病菌。每天培养约30桶（培养细菌用的）细菌。这些大量生产的细菌，由生产人员逐次运到将军庙、海拉尔等地，供诺门罕事件使用。

1940年9月初旬，（我们）将装在蛋白质水溶液空瓶中的大约10千克伤寒病菌放在两个木箱内（木箱内部钉有铁板），将人造冷冻剂装进后封起来。第二天，木箱由航空班运到南京去。同年7~9月，生产了伤寒、霍乱、鼠疫、炭疽等各种细菌，合计270千克，运到南京及华中地区。1941年7~9月，所制成的伤寒病菌、发疹伤寒病菌、霍乱病菌，大约70千克，由航空班运往南京使用。同年，输送给大连卫生研究所约70千克鼠疫菌。1942年6~9月，制造伤寒、霍乱、发疹伤寒等细菌140千克，输送到南京去。

第三章

灭绝人性的细菌实验
及其他实验

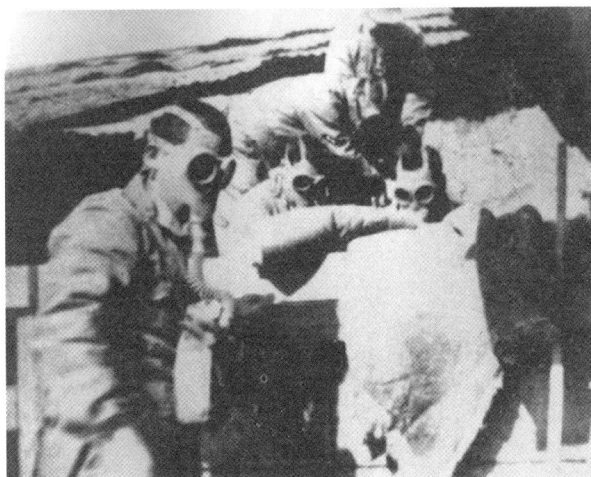

第一节　动物实验

一、鼠类与跳蚤实验

1941年6月，石井四郎从东京向日军参谋本部汇报回来后，主持召开了本部队各部长会议。会上，他说，731部队已研究好了用染有鼠疫的跳蚤作为细菌武器的方法，并用这种武器去进行细菌战争。他还说，参谋本部对731部队的工作极为赞赏，指示其部下继续研究生产细菌作战武器，加紧工作，提高跳蚤的繁殖率，在最顺利的情况下，由每三四个月内繁殖跳蚤60千克提高到200千克。因为跳蚤需要依附在老鼠身上进行细菌传播，所以731部队需要大量的老鼠。

日军细菌部队队员捕捉野生小动物

1944年以后，石井四郎多次召开会议，命令各支队大力动员部下进行捕鼠工作。他们对外声称捕捉老鼠是为了防止鼠疫，实际上是制造鼠疫菌。1945年，按大本营指示，731部队为细菌战作准备，需要一吨到两吨的跳蚤，鼠疫菌生产要求达到300千克以上，最高要求达到800千克。当时，731部队现存老鼠25万只，每千只老鼠能生产1千克鼠疫菌，25万只老鼠仅能生产250千克鼠疫菌，因此需要大量老鼠。于是731部队提出了计划增收300万只老鼠的目标。

731部队海拉尔支队总务课负责捕鼠和养鼠工作。他们利用呼伦贝尔草原老鼠多的有利条件，大量进行捕捉和饲养。鼠类主要有土拨鼠（旱獭）、松鼠、黄鼠和灰田鼠。731部队大量捕捉和饲养老鼠，用于制造鼠疫菌，因此人们称这支部队为"老鼠部队"。

1945年，日军积极准备对中国和苏联进行大规模的细菌战，但老鼠不足、缺乏大量生产鼠疫跳蚤的生产能力，阻碍了细菌战的实施。日军为老鼠不足而感到困扰，于是他们打着防止鼠疫、消灭鼠害的幌子，有计划、有目的、有组织地动员一切可以动员的力量，大量捕捉、饲养老鼠。

日军主要从4个方面成千上万地征集鼠类，即731部队本部及其各支队的队员亲自捕鼠，关东军给所属其他各部队、开拓团下达捕鼠任务，日伪当局向群众征集老鼠，从日本国内发运老鼠。

731部队使用老鼠及其他鼠类动物培养染有鼠疫的跳蚤，该部队内拥有4500具用鼠类血液繁殖跳蚤的孵育器，这种孵育器在一个生产周期（3~4个月）内就能培养几千克染有鼠疫的跳蚤，这几千克跳蚤的重量相当于数千万个用来制造细菌武器的跳蚤。

该部队第二部有4栋专门饲养跳蚤的房间，房间里分成许多格子，格子上摆放着一排排铁盒子，这些铁盒子是孵育跳蚤的繁殖器。川岛清供述了生产、繁殖跳蚤的设备及生产过程，他说：

孵育跳蚤这种传染病媒介物的仪器设备如下：本部队第二部有些特别的房间，其中可以存放约4500具孵育器。每具孵育器内在一个月过程中轮流放进三四只白老鼠，用一种特别管制器把这些老鼠固定在孵育器内。那里面放有营养液和几只跳蚤。孵育期为三四个月，在此期间，每具孵育器约培养出10克跳蚤。这样，在每三四个月中，该部队总共培养出约45千克能传染鼠疫的跳蚤。[1]

他还说，这种繁殖跳蚤的房舍内经常保持着30摄氏度的温度。用来繁殖鼠疫跳蚤的是些高30厘米、宽50厘米的铁盒子。这种盒子内撒有一层米壳来保护跳蚤。之后，放1只白鼠，白鼠的四肢用绳线捆住，以免伤害跳蚤。再放入几只种跳蚤，跳蚤以白鼠作为食物，3~4个月后，便可收获跳蚤了。一般情况下，一具孵育器可收获跳蚤10~15克。一个生产周期最高可生产45千克跳蚤。为了便于采集跳蚤，在跳蚤孵育器的相对方向各设置一个小孔。采集跳蚤时，从一侧的小孔里射入强光，厌光的跳蚤就会沿光线减弱的方向从小孔里逃出来，落入事先备好的器皿里被捕获。新繁殖的跳蚤为无菌跳蚤。把无菌跳蚤放入疫鼠饲养笼里，当跳蚤吸食了疫鼠的血液后，跳蚤就携带上细菌了。进行细菌战时，施放疫鼠、疫蚤，就能达到攻击的目的。

---

[1]《前日本陆军军人因准备和使用细菌武器被控案审判材料》，第119页，外国文书籍出版局，1950年。

731部队原队员镰田回忆，他在降旗班做鼠疫、疫苗的研究助手，该班把跳蚤确定为鼠疫传染媒介物。他们在田中技师指导下繁殖跳蚤。每个鼠笼里放20只疫鼠，每只疫鼠身上附着千余个跳蚤。当疫蚤培养成以后，那些疫鼠就死了。他们用一种特殊的方法把疫蚤收进专用的盒里带走，再把死老鼠用火烧掉。

原少年队员小笠原当年也是专门繁殖跳蚤的，他们把染疫的黄鼠、白鼠、褐鼠放在跳蚤培养箱里，每只箱子里放20只老鼠。当数万跳蚤培养成后，那些老鼠就死掉了。他们采集鼠疫跳蚤，交给航空班，运到细菌战场上去。小笠原还证实，田中班培养的大量跳蚤，需要动物血作饲料，最好用人血。每当需要人血时，他奉命到731部队监狱里去取被称为"马路大"的受实验者的2000～3000毫升血，用作饲料，繁殖跳蚤。

后来，在中国战场上，731部队多次用撒布的方法投掷这种鼠疫跳蚤，从而导致了鼠疫大流行。

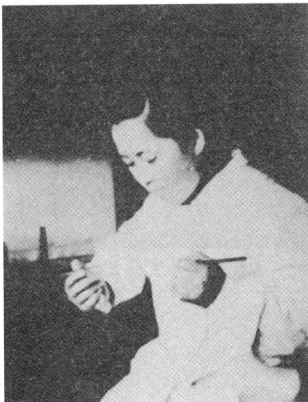

731 部队老鼠饲养员郡司阳子

黄鼠饲养室旧址

二、马匹实验

731部队石井班和二木班饲养了许多马，这些马有从日本用船运来的洋马，也有从内蒙古运来的马。马刚运来时都很瘦。石井班、二木班的喂马的劳工起初以为日本人养的是战马，后来发现养马是为了抽血，搞细菌实验、制造血清等。他们经常看见穿白色防疫服的日本人给马量体温、注射药水、抽马血。正黄旗二屯的赵官喜从1939年开始在731部队做了6年劳工，其间喂了3年马。他说，日本人养的马，马屁股上都烙上了号码，按马的编号搞实验。抽马血前，每隔几天，日本军医就来马厩转悠，选中几匹马，吩咐中国劳工对某某号马要精心喂养，甚至单槽饲养，劳工们就知道这匹马即将被抽血了。马上膘后不几天，日本军医就带着粗大的注射器（针管长1尺、粗2寸）、铝制的圆型大肚血清瓶，来到马厩，让劳工把事先选定的马牵到一个单间里，用绳子在拴马架上将马的4条腿拴牢，而后日本军医在马脖子上消毒、扎针、抽血。每次抽1000毫升，隔周抽一次。总共抽四五次，马就死了。有时，日本军医用抽血泵抽血，几分钟后，马的血就被抽干了。干杂活的方振玉多次见过日本军医给马抽血。他说，那次日本人选了4匹马，从每匹马身上抽6大瓶血，转眼间，马就死了。

1934年8月，石井部队在马身上进行栽种炭疽菌实验，用炭疽菌大批注射，杀死马匹，观察实验结果。种村文三在铁道第三联队第一大队任卫生曹长时，受大队长阿久井萨雄工兵少佐的命令，在黑河线辰清站，督促15名中国劳工掩埋石井部队用细菌杀死的100多匹马。在处理死马过程中，种村文三曾把一匹死马扔进了河里，污染了河水，给下游民众带来了危害。他还配合石井四郎派来的两名军属，在一匹死马身上采集炭疽菌式样。两名军属将死马伤口上的血沾在馒头上，带回了哈尔滨。

种村文三供述了石井部队进行马炭疽菌实验的事实，他说：

当时有关这百余匹中国马死的情况，是正在向辰清站搬运铁道器材时，我听森岛军医说的。石井四郎为了实验炭疽菌的效力，用这些马实地实验，杀死了它们。同时在哈尔滨临出发前，我听大队长说辰清站发生了炭疽菌传染病，要带上滤水器。森岛军医大尉说，患炭疽病死后，血不凝固。我埋死马时，见到马口流出的血和被狼所咬伤的地方流出的血，均不凝固，证明这就是炭疽病的症状。加上我亲眼看到石井四郎所派的军属在死马身上取炭疽菌拿回哈尔滨，因此我知道这些马是石井四郎用炭疽菌杀死的。[1]

这次马炭疽菌实验，是否造成人炭疽病流行，因未调查，种村文三不清楚。

三、虱子喂养实验

劳工郑学贵讲了一个真实的故事。

1940年的春天，731部队平房驻地住满了日本人，他们不知从哪里征来一批劳工。当时，劳工棚正在维修。郑学贵负责运施工材料。一天，他看见日本人从劳工棚里带走10个年过半百的老头。日军头目让翻译李初亭传达他们的意思说："你们年纪大了，去干些轻活吧！"这10个人不知道日本人耍的是什么花招。

没过多久，正值炎热的夏季，郑学贵到田中班大院干杂活。

---

[1] 中央档案馆等：《细菌战与毒气战》，第50页，中华书局，1989年。

他看见从一间低矮的茅草房里走出一个穿着露出棉花的棉裤棉袄的人，这个人挑着一副水桶，去井边打水。郑学贵见没有日本人，走过去问老人大夏天怎么还穿棉衣服。那个老人讲了他们的悲惨遭遇：

日本人不让换单衣，让我们10个人养虱子。每天交100个，都得像火柴头那么大，不够数不行。每天都有日本军医来取，一收就收一铝盒。为了养虱子，我们整天穿着"开花"的棉裤棉袄，连睡觉都不准脱。大热天连捂带咬，俺们都喘不过气来。小虱子，他们不要，还得放回身上去养。交不够虱子就挨打。每天还打预防针，扎得胳膊上都是针眼。

这10个劳工不堪虐待，相继死去了。日本人把他们偷偷地埋在正黄旗五屯的劳工坟里。

四、动物饲养班

（一）石井班

在四方楼两侧有10余栋砖瓦结构、水暖设备齐全的平房，这里是731部队的动物饲养场。石井班主要饲养马、牛、羊、骆驼、江豚、老鼠、狗、鸡、猪。这些动物均为细菌实验材料。

该班下设事务所，有马厩4栋，马存栏120匹左右。此外还有临时供实验用的露天马圈，养有当地马或朝鲜马40余匹。有数千只老鼠，最高时达数万只。有80头猪、5只羊、10多头牛、13头骆驼、20多条狗。还有鹿、骡子、猴子、鸡、江豚、麻雀等动物。

动物主要来源于中国各地，白鼠是从日本专程运来的。

（二）田中班

田中班在四方楼东北侧，为单独院落，面积很大，院北有一座门形大瓦房，往南是一座工字形的瓦房，最南面有2座200米长的二层楼。窗户很小，宽30厘米、长45厘米，不像住宅。其余为空场。四围是2米高的砖墙，西、南面均有门。这里是是昆虫研究班，也称田中研究室。班长是田中大佐。田中班主要饲养老鼠、跳蚤、虱子。这里也是鼠疫菌培养基地。为了保密，日本人经常使用隐语，称老鼠为"饼"，白鼠为"白饼"，黑鼠为"黑饼"；跳蚤为"粟子"；虱子叫"穗子"。田中班西侧修筑了一个排水池，细菌研究所的废水通过这个排水池流往新五屯旁边的沟子里。污水有剧毒，饮用污水或落入水中，均会致死。

这个班还制作陶瓷炸弹。另有坂井班汽车队，有两辆罩着帆

动物繁育室旧址

动物繁育室旧址内部

田中班的围墙遗址

布的大汽车和一辆内座上备有铁脖链、铁腰链和铁脚链的车。据说这车是拉"犯人"的。石井四郎每天都到这个班检查部署工作。山田乙三曾视察过田中班，他说：

> 在另一间屋子里，我看见一些装有极多活跳蚤的特别箱子。有人告诉我说，这些跳蚤是专门用来感染鼠疫的，跳蚤染上鼠疫之后，就能用去传染鼠疫病。[1]

吴邦富在田中大院割过野草。他看见日本人经常往老鼠舍搬运铝箱和汽油桶，还看见鼠房里有许多金属笼子，笼子里装的都是红眼老鼠。日本军医用红眼老鼠繁殖数以万计的跳蚤。

此外，安达飞机场以及各支队都饲养了供细菌实验用的各种动物。

动物饲养笼

---

[1]《前日本陆军军人因准备和使用细菌武器被控案审判材料》，第93页，外国文书籍出版局，1950年。

第二节　植物实验

　　731部队八木班位于四方楼以西，东乡村道北，有一座平房建筑，下设事务所、实验室。班长是农牧技师八木泽。农忙季节有劳工50多人，还从附近村屯雇用短工。冬季，部分劳工转到石井班干活。该班专门从事植物病毒研究，经营一个实验农场，有土地10多垧，分3片，一片在八木班事务所北面，主要种植黍类、豆类及各种蔬菜；一片在教育部东南，主要种植小麦；一片在建设班南面，是苜蓿地。此外，还有蔬菜暖棚。

　　该实验农场所种一部分粮食、蔬菜、饲草等农作物，主要供应石井班。另一部分农作物则用于植物病毒实验。八木班有一大片麦田，专门培植"乌米"麦子，麦子长成后，麦穗为黑穗，称"乌米"。日本人特别看好"乌米"，麦子秀穗时节，派劳工日夜看守，防备鸟吃掉。"乌米"麦子成熟后，日本人监督劳工连麦棵一起拔掉捆好，运到北岗的大院里垛好。"乌米"麦田附近的不少农作物都得了黑穗病，小麦、苞米的"乌米"特别多。附近田地里的"乌米"长成后，日本人就抽调劳工采集"乌米"。每年秋季，731部队还从外地成车地运来"乌米"麦捆。装富卸过"乌米"麦捆，日本人让装富他们赶马车把"乌米"运到了火磨大院。他们迫使中国劳工把"乌米"麦穗粉碎后，装进麻袋，再用火车运走。731部队把"乌米"运到外地后，在麦子、苞米、谷子、高粱等农作物扬花的季节，遍撒在田地里，大面积地传染黑穗病，造成粮食绝产。

　　鞠家窑吴殿有及富本村的教师证实：

1944~1945年，日军通过合作社向群众要麦子、高粱、苞米……向富本村学校每班要100斤麦子。日军在安达县城南边设立一处5垧麦地，作毁灭麦田的实验场，当麦子灌浆时，日军强迫学生用药水接种（隔一步远注射一棵或二棵），日后所有的麦子都得了黑穗病（麦粒黑色硬化）。[1]

由此可见，日军的"乌米"是培植出来的，又运到各地进行撒播，其根本目的是用细菌大面积破坏农作物，从农业经济上给人类带来危害。

第三节　人体实验

一、人体实验的发明与组织实施

为检查细菌武器的效能，石井四郎发明了利用活人进行细菌实验。他说：

鼠疫流行在自然条件下是容易发生的，但要用人工办法来造成流行病就不那么容易了。原因是，仅有传染源和传染媒介还不足以促成疾病的流行，为此还要明白知道人的生理条件和生理特点。只有在研究人的生理特点条件下，才能知道用人工办法引起疾病的流行的条件。研究生理特性的工作，是要用活人做实验的，进行这种实验时用的是中国人。它既可在实验室条件下进行，也可在野外条

---

[1] 中央档案馆等：《细菌战与毒气战》，第81页，中华书局，1989年。

件下进行。这就是本部队的秘密中的秘密。[1]

各种材料证明，石井四郎和他的731部队利用残酷的方法进行人体实验，成千累万地杀害活人，凡是被用作"实验材料"、押解到731部队监狱里去的人，包括不同民族、不同性别、不同年龄，就不可能有生还的希望。

这种罪恶的实验，是经过日本军国主义统治集团的认可和同意的。关东军总司令官山田乙三供认：

从北野和田村两人的报告中，我知道有用活人进行实验的事实……在活人身上进行实验一举，原是由我的前任梅津将军或植田将军批准的。在这点上，我承认我的罪过是，我明知道有对活人进行实验的事实，却准许人们去进行此种实验，因而我在事实上也就是批准了杀害那些都是由我所管辖的关东军宪兵队机关和各日本军事团送去受实验的中国人和俄国人。[2]

在背荫河时期，除少数暴动越狱的人外，731部队监狱里数以千计的"犯人"无一幸免。在哈尔滨平房镇，731部队第一部管辖四方楼秘密监狱里关押着的受实验的人，他们的遭遇是令人触目惊心的。这里是一座人间地狱，通过特别移送，进来的是活人，抬出去的是尸体。他们都是不同的实验对象，但有共同的命运，最终都被送进焚尸炉。其实，731部队不仅仅限定在第一部和第二部进行活人实验，据田村良雄讲，诊疗部经常与其来往，柄泽班也进行过

---

[1] 郭成周、廖应昌：《侵华日军细菌战纪实》，第41页，北京燕山出版社，1997年。

[2] 《前日本陆军军人因准备和使用细菌武器被控案审判材料》，第45页，外国文书籍出版局，1950年。

人体实验。

据川岛清供认：

为尽量完备研讨细菌对人的传染作用，及尽量迅速研究出制造细菌武器以供战时使用的方法起见，731部队内广泛进行过用活人作对象来检查一切致病菌效能的实验……每年都有五六百犯人被送到731部队里去。我曾亲眼看见，这部队第一部工作人员从宪兵队方面领到大批的犯人。这些犯人都被关在监狱内的两座房屋里……要是犯人受过致病菌传染后又痊愈起来，那他也不免要接二连三地接受实验，直到因传染病死去为止。

为了研究各种治疗方法，对已受传染的人也曾加以治疗，给他们吃正常的饭食。等到他们身体完全复原之后，就把他们用来做另一种实验，用另一种细菌传染他们。无论如何，从来都没有一个人能活着走出这个杀人工厂。死人的尸体经过检验后，就被放到该部队的焚尸炉里去焚化……731部队驻扎在平房站附近的5年之内，即从1940~1945年，通过这个杀人工厂，因染致病菌而被消灭的，至少有3000人。至于1940年以前被消灭的人究竟有多少，那我不知道……[1]

川岛清承认，他亲自参加过在活人身上实验细菌武器的效能。

柄泽十三夫供认：

731部队在实验室条件下有系统地对活人进行过实验。这里是强迫被实验者染上各种细菌，然后观察这些被实验者的病症，以求

---

[1]《前日本陆军军人因准备和使用细菌武器被控案审判材料》，第120页，外国文书籍出版局，1950年。

研究出最有效的传染病媒介物。直接在活人身上进行实验，就加速了完成该部队所负的任务，即研究出最厉害的细菌战武器以及大量传染人的方法。[1]

在四方楼的监狱里，各地源源不断地将"马路大"押进来，而后提供给各实验室。在实验室里进行过各种实验之后，有的被送进解剖室，被解剖过的尸体大部分被送进焚尸炉焚化，少数被肢解的尸体被放进陈列馆。731部队究竟造成多少人死于细菌实验呢？川岛清说，每年被押进监狱里用作实验材料的有400~600人，每年因实验而死去的至少有600人，5年间至少有3000人丧失性命。这是最低限度的数目。关东军宪兵司令部第三课长吉房虎雄中佐回忆说，据估计至少有5000名爱国者，通过宪兵转到石井部队，最后成了实验品。《跨国取证"七三一"》一书中说：

用作活人实验的，绝大多数是中国人，也有部分朝鲜人、蒙古人、苏联人。根据新近发现的"特别移送"原始档案分析判断，在731部队长达13年的活动时间里，至少有5000人被以活人做实验的手段杀害。[2]

二、被实验者——"马路大"

731部队有个特别班，负责看管被实验者。在特别班里，他们把实验对象叫作"木头"，人数以"根"计算。该部队称呼"实验

---

[1]《前日本陆军军人因准备和使用细菌武器被控案审判材料》，第71页，外国文书籍出版局，1950年。

[2] 金成民等：《跨国取证"七三一"》，第94页，黑龙江人民出版社，2002年。

材料”各有隐语，人叫“圆木”，日语称之为“丸太”，音译为“马鲁他”“马路他”或“马路大”，按字意说，“马路大”就是木头，或者说是原材料。日本人根本不把那些被实验者当人看待。

日本作家森村诚一说：

“木头”的来源，大致有三方面：

第一，在华中和华北战场上俘获的八路军战士、干部和国民党军官，还有在各城市和农村逮捕的进行抗日活动的知识分子和工人。从各地的俘虏收容所用军用列车把他们运到哈尔滨，再直接输送到731部队去。

第二，从哈尔滨市内及郊区逮捕的苏联红军士兵（情报员）和白俄及其家属。先把他们收容在哈尔滨市内的保护院里，然后再由哈尔滨特务机关或宪兵队负责押送到731部队去。

第三，哈尔滨市郊外忠灵塔附近的集中营关押的一般中国市民。这些人恐怕都是被骗来而沦为“木头”的吧……其中好像也有犯了盗窃罪的刑事犯。[1]

据各种材料证明，被实验者有不同国籍，其中有中国人、苏联人、朝鲜人；不同性别，有男性、有女性；不同年龄层，有老人、有青年，甚至有小孩。除了抗日的爱国者之外，还有不少平民百姓，其中有被骗来的中国劳工，这些劳工在修筑完秘密工程后，便被投进监狱，变成“马路大”；有在城市“圈街”时被抓来的无辜市民，所谓“圈街”，就是在“马路大”不足时，到大街上去抓人；有误入平房特区被抓的“嫌疑犯”，这些人有的没有什么过错，也被投进监狱。

---

[1]〔日〕森村诚一，祖秉和、唐亚明译：《食人魔窟》，第88、89页，群众出版社，1984年。

关于这些"实验材料"的来源及处境，原731部队的军官和队员有以下供述或回忆。

川岛清说：

731部队内设有一个监狱，专门禁闭这些用作实验的犯人，监狱设在部队内面，被实验者被严格与外界隔离开来，本部队工作人员称他们是"木头"。被实验者的这种名称，我从731部队长官石井将军口中多次听到过。[1]

……

1941年4月，当我刚到该部队任职的时候，我就视察过这个监狱，看见有一间牢房里关的有两个俄国女人，其中一个女人带有她在该监狱内生下的还不满1岁的孩子。当我在该部队内任职期间，这个女人还是活着的。以后她们的命运怎样，我不知道，但无论如何，她们决不会从监狱里活着出去……[2]

原佳木斯宪兵队长橘武夫供认：

……有一种被抓来审讯的人，按我所管辖的宪兵署特务部路线，是应当被消灭掉的。这种人就是……游击队员，激烈反对日本驻伪满当局的分子等。这些被捕的人并没有提交法庭审讯过，因为我们总是径直把他们送到731细菌部队去消灭的……[3]

---

[1]《前日本陆军军人因准备和使用细菌武器被控案审判材料》，第60页，外国文书籍出版局，1950年。

[2]《前日本陆军军人因准备和使用细菌武器被控案审判材料》，第121页，外国文书籍出版局，1950年。

[3]《前日本陆军军人因准备和使用细菌武器被控案审判材料》，第20页，外国文书籍出版局，1950年。

关押在731部队里的"马路大"不断地因细菌实验致死，又不断地加以补充。在哈尔滨市忠灵塔附近有一个特殊的"马路大"集中营，关押着300多人。731部队在"实验材料"不足的时候，马上从集中营里移送人过去。这个杀人工厂，不停地进行活人实验，犯下滔天罪行。

三、实验方法

731部队采用多种方法在活人身上进行各种实验，他们在一个人身上或使用一种方法，或兼用几种方法，手段残忍，直至致人死亡，肢解尸体，焚化灭迹。

（一）菌液注射

日本军医把带菌溶液或注入"马路大"的血管里，或进行皮下注射，而后观察被细菌感染者的病情变化。有时对幸存的被实验者注射抗生素，予以治疗，其实这也是一种实验。被实验者侥幸康复后，又被用于另一种实验，直至其没有利用价值后，被解剖焚尸。石井部队早在背荫河时期，就利用活人进行实验。该部队从中苏边境鼠疫流行区域抓来40只疫鼠，从这些疫鼠身上抓了200多只带鼠疫菌的跳蚤，再提取疫蚤的毒液，给3名抗日工作者注射。结果，这3个人都患上鼠疫，在19天后先后发高烧达39~40摄氏度。他们在昏迷状态中都被解剖了。石井四郎亲自写了检验报告。

1.活体防御力及毒力实验

鼠疫菌液的毒力实验不仅仅在监狱里给"犯人"注射，而且在平房附近的老百姓身上做实验。田村良雄说，1940年9月，731部队本部菌苗班在铃木启之少佐的指挥下，医务室用约2000只50毫升的鼠疫菌液在部队附近，给中国人做实验性注射，结果：

被注射的中国人受到强烈的毒害，仅我听到的就有2人死亡。其他的注射液附上"大连卫生所研制"的商标，送到长春地区为"防疫"使用，给中国人民造成很大危害。[1]

秦正氏供认：

1945年1月前后，第一部军医少佐高桥正彦，对3名爱国者注射了鼠疫菌，使之感染了严重的肺型鼠疫和腺型鼠疫，然后用日本制的磺胺剂实行"治疗"，终于使之死亡。[2]

2.拿活人当老鼠

一天，秋山浩被派去做人体实验的杂工。他沿着阴森可怕的走廊，来到地下实验室。走廊的顶棚、护墙板和窗户上，都涂着大红色，像乱抹了一层黑红色的血液的隧道似的。走廊里不透阳光，吊着几个灯泡，周围幽暗无光。

秋山浩来到实验室门口，忽然听见一个人的惨叫声。他看见在实验室门前，有一个"木头"被3个队员架着两只胳膊正在那里叫。一个工作人员从背后好容易才把他推到实验室里去。在实验室的第一道门里面，有消毒用的喷雾设备。秋山浩用石碳酸溶液喷了全身，然后穿上防毒服。在打开第二道门后，他看见：

一个被当"木头"用的人，被绑在一张像涂过沥青似的黑黑的

---

[1] 中央档案馆等：《细菌战与毒气战》，第58页，中华书局，1989年。
[2] 中央档案馆等：《细菌战与毒气战》，第73页，中华书局，1989年。

铁床上，在那里呻吟、挣扎着。助手们恶狠狠地用力按着他。穿着仿佛潜水服似的防毒服的人们的手，像无情的机械一样，毫不犹豫地扑上这个"虏获物"。"木头"使出平生的气力拼命地挣扎着，因为"木头"的营养既好，又有适当的沐浴，身体完全是健康的，所以就是捆住了手脚，他的力气仍然是强大得令人吃惊。这和必须用健康的动物做实验一样，在用活人的时候，如果他的身体不是健康的而是衰弱的话，那就得不出带有普遍性的实验结果。因此这个部队的监狱，就不得不特别注意营养和卫生。这一点，可以说是和普通的监狱就完全不同的地方……我一边按照指示，搬递着药品和器具等，一边注视着军医对这个"木头"进行注射的经过情况。我虽然不明白为什么要做这个实验，注射的又是什么。可是，由于看到计算时间的人手托着表，注视着因注射而引起的病变经过……这个"木头"痛苦已极，声嘶力竭地号叫，拼命地挣扎了一会儿之后，也许是精力耗尽了才断了气。时间似乎很长，实际上只不过两三个小时就结束了……"木头"的尸体，真是惨不忍睹！[1]

（二）口服染菌食品

石井部队会把实验用的细菌掺入饭食、饮料、水里或注入瓜果、蔬菜里，对被实验者强迫灌服或让人误食，以观察各类细菌的效能。石井部队用霍乱菌、赤痢菌、伤寒菌、鼠疫菌进行过实验。该部队把蔬菜、水果、鱼类等食物都掺入细菌进行比较实验，结果最容易感染细菌的是蔬菜，特别是叶子多的蔬菜，如白菜类，块茎表面光滑，较少被使用。把细菌注射到水果类的食物里，效力更

---

[1]〔日〕秋山浩：《七三一细菌部队》，第65~66页，北京编译社译，群众出版社,1982年。

大。据石井四郎说，散布传染病最适当的媒介物是蔬菜，其次是水果，再是鱼类，最后是肉类。

1.灌服

731部队"A"队一分队队长山下升供认：

在731部队监狱里关押有中国人、苏联人、朝鲜人，这些人被用来进行细菌实验。实验有两种方法，一种是往嘴里灌细菌，一种是皮下注射。实验时把人绑上，将细菌混入水中从嘴灌进去。我们队每天用10~20人进行实验，用灌的方法有400多人，进行皮下注射的有250多人。……因为菌的毒力、性质不同，不是所有被实验的人都会死，没有死的送回监狱下次再实验。将实验死的人拉去火炼；有的当时还有气，也拉去火炼。火炼场的大烟囱每天冒着烟。[1]

731部队进行内服实验时，暗中把各类细菌掺入食物中，让监狱里的被实验者吃喝。被实验者在不明真相的情况下，误食带细菌的饭食后，被感染发病，不少人因此死亡。狱友们知道了日本人的阴谋，集体进行绝食斗争。日本军医诱骗无果，便与宪兵队一起，采取强制手段灌服菌液。对于反抗的人，轻则鞭打，重则当场击毙。用灌服，霍乱、伤寒菌等胃肠道感染细菌致死率较高，患者一般在一个星期内不治身亡。

2.瓜果细菌实验

用伤寒菌传染瓜果进行实验，人吃瓜果后都会被传染。古都说：

---

[1] 中央档案馆等：《细菌战与毒气战》，第79页，中华书局，1989年。

在1943或1944年间，（731部队）进行过传染瓜果的实验。当时用来受传染的是西瓜和甜瓜，那正是瓜熟的时期。在一部分西瓜和甜瓜里注进细菌而使其受到感染，把另一部分留下来不加以传染。用注射器把伤寒细菌注进这批瓜果后，就来检查细菌密度，为此就得把这批瓜果送到实验室里去检验注射到瓜果内的细菌发育得怎样。在检查时若查明有大量细菌，就拿这些瓜果分给五六个中国内陆城市的人和满洲本地人吃下去。

凡是吃过这种细菌密度极大的瓜果的人都患了伤寒病。[1]

（二）比较实验

日本军医在被实验者身上交叉使用多种方法进行细菌实验。他们把这些"实验材料"分成若干组，或在每组人的身上使用的细菌菌液剂量不同，注射的次数不同；或分别使用注射、灌服、埋入等方法，以观察其结果，写出比较表。

1.分类实验

古都供认：

1943年末，当时为了检验病菌的效力，（731部队）曾用50名中国内陆城市的人和满洲本地人来当作实验的材料。首先给这50人注射了防病的药水，并且是分别注射的，即给一部分人注射了一次，给一部分人注射了两次，还有一部人则根本没有注射过防病药水。除此而外，给各人注射的防病药水多寡不一。所以，这50人被分成了5类。然后所有这些人被强迫喝进了染有伤寒菌的水，接

[1]《前日本陆军军人因准备和使用细菌武器被控案审判材料》，第381页，外国文书籍出版局，1950年。

着就来观察这种传染病媒介物在各种场合所引起的结果怎样：即检验在没被注射过防病药水的人身上、在被注射过若干次以及被注射过不同量药水的人身上所起的作用分别怎样。[1]

结果，这50个人大部分生了伤寒病，其中12或13人因病死亡。

2.注射、内服、埋入

上田弥太郎作为助手参加了鼠疫菌比较实验，亲手制作了鼠疫比较表，他供认，将鼠疫菌的注射法、埋入法、内服法作出比较，结果发现注射法最快，一日即可致人死亡；其次是埋入法；最慢是内服法，6日才能死亡。上田弥太郎在统计时，发现用这种比较方法实验过的有四五十人。

3.超声波菌苗实验

1939年6月以前，山内丰纪在日本神奈川县立卫生试验所制作细菌生物制品，并作检验工作。当时，他是所长渡边博士的助手。在应用超声波发生装置研究细菌学时，渡边博士曾发表过很多实验报告，博得学术界的重视。这项研究引起了东京陆军军医学校防疫研究室主任石井四郎的重视。他把渡边博士调到防疫研究室继续从事超声波研究。1939年6月，山内丰纪和渡边博士一起调到哈尔滨石井部队。此后，渡边博士领导菌苗制造班制造菌苗，供给关东军需要的各种菌苗，即伤寒菌苗、副伤寒菌苗、四种混合菌苗及赤痢菌苗、霍乱菌苗、流行性脑脊髓膜炎菌苗各

[1]《前日本陆军军人因准备和使用细菌武器被控案审判材料》，第382~383页，外国文书籍出版局，1950年。

60万份，保管期3个月，超期即放弃，然后另做新的。因此，该班工作非常忙。刚到部队时，超声波装置未安装好。1940年2月，4台超声波装置被运到哈尔滨，安装完毕。石井部队长命令渡边博士做超声波霍乱菌苗的人体实验。

山内丰纪供认：

预防接种超声波菌苗的共8人，注射陆军军医学校所制霍乱苗的共8人，无处理（供对照用）的4人。他们都是二三十岁的中国人。……关于人体实验感染情形是：令上述接种的16人和没有预防接种的4人，把混入生菌的牛奶喝下去。感染用的细菌是石井部队保管的细菌武器，对人致死量为千分之一克。当时混入量是五百分之一克，目的是要得到能预防强毒霍乱菌的有效霍乱菌苗和对敌人撒布强毒霍乱菌，进行细菌战。

人体实验结果证明，超声波菌苗效力特佳，接种超声波菌苗的人都很精神，仅一人有头痛和腹痛之感，第三天也就复原了。但注射军医学校制菌苗的人多数下痢，其中重症3名，死亡1名。对照组的4人全都发病，在第三日都死亡。石井四郎知道超声波菌苗有效后，命令我们大量生产。9月下旬长春发生鼠疫，石井四郎组织所谓防疫，菌苗班昼夜不停地制造鼠疫菌苗，结果因菌体中杂菌多、单位低，拖延了制品的生产期。

关东军为了鉴定超声波经口菌苗的效力，指示在伪奉天市同善堂铁西俘虏收容所进行研究的731部队技师，对同善堂的幼儿进行实验。

诊疗部部长永山太郎中佐曾指导日本军医和技师进行破伤风实

验，他们把破伤风菌毒素分为最低致命量的千倍、百倍、十倍，接种给10个人。他们还把人体内产生的毒素芽孢又接种给另外两个人。这次实验共死亡3个人。

除此之外，他们还把细菌掺入墨汁内，写传单散发，造成大面积传染人群。

四、人体解剖

731部队进行人体实验，要经过临床观察、解剖观察、病理观察3个阶段。人体解剖观察，一般是在人感染细菌、患病死亡后解剖尸体。石井部队也进行人体解剖，但他们对人进行活体实验，而且不打麻药。活体解剖最早只在731部队进行，后来陆续扩展到日本在华所有的医院。

（一）解剖设备

731部队的人体解剖室里，屋顶天花板上吊着许多特别大的灯泡（相当于现在的无影灯），室内设置了3张解剖床，室内有好几个水桶和装着福尔马林溶液的大型玻璃标本容器，而缺少其他的手术医疗器械。

室内走廊里有运送尸体和活体的小铁轨。731部队原少年队员石桥回忆说：

我从中心走廊偏门进入地下道，当往特设监狱走的时候，看到三栋一阶的走廊里放着细菌生产班使用的3个大型消毒罐。地面上还铺有小铁轨，后来知道这小铁轨不仅供我们研究班往解剖室里运活体和尸体用，而且是细菌生产班搬运细菌所必须的。

（二）解剖事例

1.解剖实验

田村良雄供述：

早上被我浇上消毒水的中国人，不管是死了还是没死，都预定今天解剖。中国人的脸涨紫着，沾满了血，血从担架上滴滴答答地流下来。"两只樟脑液（强心针）！"大木伸出两指命令我去注射。被注射了樟脑液，用脚镣、手铐固定的中国人猛然睁开眼睛，好像要弄清这次行凶情况似的转过头来。但是，身体不自由了，眼里充满气愤的泪水，凝视着顶棚……中国人留下了一句满怀仇恨的话："鬼子！"迅速地变了脸色，咽了气。[1]

2.豚鼠的替代品

上田弥太郎供认：

1943年4~7月，在此期间，曾不断发生监狱的人死亡，我亲眼看到的就有4人，我帮助将尸体运往解剖室解剖。这4人全是为了实验细菌的效力而被害的，其他我未见的还很多。同时在这期间我亲自解剖过一个人。

上田弥太郎在三谷班作为活体实验的观察助手。起初，他只是每日对被实验者的病体进行采血、验血、检查，并观察病情发展变化情况。后来，他亲自参与解剖和焚化尸体。他供述有200个中国人被当作豚鼠的代用品让他们杀害了。[2]

---

[1] 郭素美：《人性的泯灭与复苏》，发表于1995年在哈尔滨召开的"反对侵略　维护和平座谈会"。

[2] 中央档案馆等：《细菌战与毒气战》，第66页，中华书局，1989年。

3.一个老人的遭遇

1939年，榎田英雄参加了石井部队，开始在吉村班研究梅毒，之后又被调入三谷班进行鼠疫菌实验。当年，他进行活体解剖时，觉得这是学习的好机会，很愿意执行上边的命令，他亲自参加了活体解剖实验。他回忆说：

> 记得那是个50岁左右的中国人。他被感染上鼠疫菌后，由我主刀进行了解剖。因为没有进行麻醉，所以将他四肢绑在手术台上。由于经常做这样的不麻醉解剖，解剖台上都设有捆绑"马路大"的装备。为了防止喊叫，"马路大"嘴里塞满了纱布。我将内脏摘下来，交给病理班进行研究，其他的事情我就不管了。解剖大约做了十二三分钟……[1]

4.女性解剖

森村诚一笔下有一个二十四五岁的女性被活体解剖的事例。原731部队冈本班班员回忆：

> 参加这个女"木头"的活体解剖的，不仅有冈本班的人，还有石川班、田部班、凑班、内海班等各班的技师和技术员。
>
> 担任执刀的是冈本、石川两个班的人，预先通知了其他班成员。活体解剖需要带上止血钳子，否则解剖室的天花板和墙壁上，就会溅满血浆。麻醉方法是用在氯仿中浸泡过的纱布把嘴和鼻子捂上，5分钟后，被实验者就会失去知觉。那个女"马路大"被杀，大概是1944年。这次实验是指导观摩性的，花费了3个小时。因为要边解

---

[1] 王一汀：《白衣恶魔》，第48页，中国大百科全书出版社，1998年。

剖，边进行各种实验。特别是女"马路大"，要以女性生殖机能为中心，利用各种测定仪器贴在许多部位进行测定，如调查排卵机能，做细致的解剖……所以很费时间。[1]

5. 解剖台上的日本雇员

田村良雄说，须藤良雄是第四部第一课的雇员，因为生产鼠疫菌而感染了鼠疫。在特别班解剖室里，由铃木启之少佐指挥、细矢技师执刀，进行活人解剖实验。田村良雄是细矢技师的助手。细矢技师先解剖了一个中国人。紧接着，铃木启之下令解剖须藤良雄，他说："让须藤良雄到这里来，都是为了效忠天皇陛下呀！"

731部队为了细菌战的需要，把自己部队里染有鼠疫、生命垂危的须藤良雄送进了解剖室，但这次解剖是不许说的绝密。须藤良雄赤裸着身体，由特别班班员抬到解剖台上。几天前，谈起女人还很活跃的须藤良雄，已瘦得皮包骨，全身有无数的紫色斑点，胸部被挠伤了一大片，血从伤口里流出来。他痛苦地流下眼泪，呼吸困难。田村良雄用消毒水给须藤良雄的全身进行了消毒。

由于消毒水的作用，须藤良雄恢复了知觉，他睁开茫然的眼睛环视四周，每动一下，颈部的绳索就勒紧一下。铃木启之把须藤良雄全身检查完毕，下令开始解剖。田村良雄把解剖刀递给了细矢。反握着解剖刀的细矢走近须藤良雄又把解剖刀交给了宇野诚。宇野诚接过解剖刀，开始抚摩须藤良雄的肚皮。他的手有些震颤。这时，铃木启之歇斯底里地喊道："快干！"宇野诚反握着解剖刀，刺进了须藤良雄的上腹部，往下切去。血流向解剖台的血池。"畜

---

[1] 〔日〕森村诚一，祖秉和、唐亚明译：《食人魔窟》，第73页，群众出版社，1984年。

生！"须藤良雄最后喊出这样一句，便死了。解剖台上，内脏露了出来。几个小时后，在第四部第一课的研究室里，铃木启之用显微镜观察着活蹦乱跳的鼠疫菌。

731部队进行细菌实验连自己部队的雇员也不放过。为效忠天皇而进行细菌战让石井部队的队员丧失了人性。[1]

第四节　野外实验

在实验室条件下对人进行各种实验的同时，731部队还使用一部分"实验材料"在野外进行实验。这种实验由731部队第二部在最接近战斗环境的条件下组织实施进行。该部队在东北有固定的野外实验场地，主要有安达特别实验靶场，在城子沟、佳木斯、陶赖昭等地设置的实验场。另外，还有一种临时实验场，他们在东北山区及呼伦贝尔草原等地都进行过野外实验。在野外实验中，731部队既使用细菌、病毒，也使用毒气，大规模地杀害被实验者及无辜的平民百姓。

在野外对活人进行实验时，最常用的办法是投掷细菌炸弹，或从低空飞行的飞机上直接撒布细菌和染有鼠疫的跳蚤，使其在地面上传染居民点、蓄水池和牧场等。在打靶场上，日本人把细菌弹放在离被绑在柱子上的被实验者一定距离的地方，然后由实验者在战壕内用电器设备来引爆。实验后，经过两小时左右的观察，把被实

---

[1] 韩晓、辛培林：《日军七三一部队罪恶史》，第118～119页，黑龙江人民出版社，1991年。

验者押回监狱，继续观察他们的病情。被实验者一般不接受治疗，能致他们全体死亡，是实验者最为得意的。对各种细菌的效能，731部队在打靶场上都用活人实验过，最常用的是鼠疫菌、炭疽热菌、霍乱菌和伤寒菌。

同在实验室条件下进行活人实验一样，野外实验也是由军政当局直接批准的。关东军总司令官山田乙三供认：

731部队为了实验本部队内所产细菌武器效能起见，曾在实验室内以及近于战斗环境的野外条件下，进行过对活人使用此种武器的实验。野外条件下的实验是由731部队在安达站附近一个有特种装置的打靶场上进行的。从北野和田村两人的报告中，我知道了有用活人进行实验的事实。此外，我从我看过的那张照片上，同样也知道实验细菌武器效能一事，是在活人身上进行的。1944年11月，我从北野的报告中知道了在安达站打靶场那里是拿活人来作实验的对象。1945年6月，我从田村的报告中知道了受实验的是一些被关在731部队特设监狱内的人。[1]

将装满菌液的桶运到现场

准备往江河里投撒细菌

---

[1]《前日本陆军军人因准备和使用细菌武器被控案审判材料》，第45页，外国文书籍出版局，1950年。

731部队搞野外细菌实验，目的是为进行细菌战作准备，该部队在多次实验中，找到了进行细菌战的方法。石井四郎对梶塚隆二说，进行细菌战的方法就是：第一，军事破坏的方法；第二，使用炮弹；第三，使用飞机炸弹。据梶塚隆二供认：

石井四郎对我说，炮弹和飞机炸弹装上细菌的话，金属爆裂时因大量火药爆炸会变得很热，就会使细菌失去生机。所以石井部队决定采用瓷制炸弹，并在这方面进行研究工作。他曾对我说，若是采用从飞机上撒放细菌的办法，那就从很高的空中撒放，而这是不能产生良好效果的，所以为使细菌不致失掉生机，就必须从不很高的空中撒放。石井接着又说，若是把细菌单纯地撒放，那么细菌从高空撒下时就会失掉生机。要把细菌装到某种外壳内撒放才行，而这种外壳就是跳蚤。因此就决定使用传染上鼠疫细菌的跳蚤。再则，据石井所说的话看来，用传染病媒介物去传染饮水及食物，乃是使

在松花江南岸进行细菌战演习

用细菌武器的一种有效方法……石井说，用中国人进行的细菌实验既在部队内实验室条件下进行过，又在野外条件下进行过。[1]

该部队在野外实验中引爆细菌炸弹，发现致死率最高的细菌是炭疽菌。

一、安达特别实验场

1941年，731部队在安达镇东48千米处的鞠家窑附近设立了一个特别实验场，也叫安达特别实验靶场、安达打靶场。实验场距鞠家窑1千米，位于一个土冈上，周围是大草原。它隶属于731部队第二部，为细菌实验部。该实验场由附近村屯的中国劳工修建。建筑材料是731部队从外地运来的。实验场有地面和地下工程，建有4栋约20个地下室，有营舍、实验室、汽车库、食堂、浴池；地面有仓库及各种动物棚舍。在实验场区有4个三角形的铁架子，为投掷细菌炸弹的标志点。四周有铁丝刺网，设置岗哨。

鞠家窑的村民鞠守信说，1941年，修建安达打靶场时，日本人在他家落脚。他说，其实他不情愿和日本人打交道，而是在无奈的情况下招待日本人，他也在打靶场当过劳工。他回忆说，安达打靶场有4栋房，全是地下室。营舍修建完后，日本人设立了岗哨，不允许中国人进营舍，劳工只能去牲畜棚圈干活。安达打靶场隔几天就来飞机。飞机一来，日本人就在鞠家窑村东头设岗，不让村里人出去。演习结束后，才解除戒严。当时，鞠守信正在打靶场做工，

---

[1]《前日本陆军军人因准备和使用细菌武器被控案审判材料》，第313~314页，外国文书籍出版局，1950年。

他看见日本人穿戴特别，在黄色军装上贴有红、绿、蓝等各种颜色的布条。老百姓管他们叫"变色龙"。有一次，一架日本飞机卡在土井里，日本人让劳工帮助去往外拽。因飞机太重，拉不出来。后来，日本人让把飞机里的货搬出来。他们从飞机里抽出100多根铁杆子，每根重约15千克。卸重后，才把飞机拽出来。靶场还有马、牛、猪。日本人也用动物搞实验，他们把马、牛、猪固定在靶场，实验后，把死动物掩埋。被实验的人用汽车拉走。

安达特别实验场地下通道遗址

安达特别实验场遗址

川岛清在731部队兼任第一部部长期间，除了在各实验室内用活人进行实验外，同时还在731部队各打靶场上近于作战情况的环境中，拿活人进行实验。他供认：

1941年6月，我同本部队人员一起在安达站附近本部队打靶场上参加过检查鼠疫跳蚤炸弹效能的实验。这次实验是用10～15个被绑在柱子上的犯人检验细菌飞机弹的效能。当时从飞机上投了10多个炸弹。[1]

---

[1] 《前日本陆军军人因准备和使用细菌武器被控案审判材料》，第60页，外国文书籍出版局，1950年。

川岛清是以731部队总务部长的资格参加这次野外实验的，他主要检查这次实验中的组织情形，实际领导这次实验的是第二部部长大田大佐。他还详细供述了这次在安达附近实验装有鼠疫跳蚤的石井式瓷壳炸弹效能的具体情况。他说：

用来进行实验的场所曾被严加护卫，禁止行人通过。场所周围设置有特别的岗哨，专门守卫这个地方，不许任何一个旁外的人进到那里去。在这种实验时用来进行实验的15个人，从部队内部监狱运到之后，就被绑到实验场上专门栽入地里的柱子上。为使飞机容易发现目标，即易于找到打靶场起见，在打靶场上插有许多小旗，并放起一簇乌烟。一架特备的飞机由平房站方面飞来了。飞机飞到打靶场上空时，投下了20来枚炸弹，这些炸弹在离地100~200米高的空中全部爆炸，于是装在炸弹内面的鼠疫跳蚤就落到了地面上。当时鼠疫跳蚤散满了整个打靶场。掷下炮弹后又等候了相当长的时间，让跳蚤能尽量散开而传染到受实验的一些人身上。随后对这些人施行过一种消毒手续，就用飞机把他们送到731部队设在平房站的内部监狱去，在那里对他们加以监视，看他们是否染上了鼠疫。[1]

这次野外实验因为当时温度太高，致使跳蚤所起的作用很低，效果并不好。

柄泽十三夫先后两次参加过在安达特别实验场的活体实验，每次用10个被实验者进行实验，一部分被实验者染上了炭疽热，死

---

[1]《前日本陆军军人因准备和使用细菌武器被控案审判材料》，第267~268页，外国文书籍出版局，1950年。

掉了。他供认：

我两次参加过在安达站附近打靶场野外条件下用细菌传染活人的实验。

第一次是在1943年末用炭疽热细菌进行实验。在这次实验时使用了10个受实验的活人。他们被押到打靶场上时，就被绑到彼此相隔5米的柱子上，然后就用一枚放到离他们50米远地方的破片弹施放细菌来传染他们。这个炸弹是用电流来引爆的。这次实验的结果是，一部分受实验者遭到了传染。对他们采用过种种办法后，就把他们送回731部队。后来我从报告中知道，那些被用作实验对象而染上了炭疽热细菌的活人，都死掉了。

第二次实验是在1944年春季举行的。这次是实验鼠疫细菌使用方法。传染办法就是经过呼吸器官传染。这次处置受实验者的手段，与实验炭疽热细菌时相似。在离这些受实验者10米远的地方，放置一个盛满鼠疫细菌的铁桶。这个铁桶爆裂了。但据我所知，在这次实验后查明，传染没有成功，病菌没有通过呼吸器官。[1]

731部队用强迫的办法对活人进行传染致病菌的实验，目的是实验细菌武器的效能，西俊英说，1944年10月，在安达打靶场对5个中国战俘做过传染鼠疫（用鼠疫跳蚤）的实验。1945年1月，他参加了对10个中国战俘进行传染坏疽病的实验。他供认：

这次实验的手续如下：把10个中国战俘绑在柱子上，距装有

---

[1]《前日本陆军军人因准备和使用细菌武器被控案审判材料》，第279、280页，外国文书籍出版局，1950年。

坏疽菌的开花弹10～20公尺远。为了不让这些人立刻被炸弹炸死，就把他们的头部和背部都用特种金属板和厚棉被掩盖着，双脚和臀部则露在外面。电门一开，炸弹爆炸了，带有坏疽菌的霰片落到被实验者所在的小坪上。结果全体被实验者的脚或臀部都受了伤，他们经过7天惨痛之后都死去了。[11]

这次实验是第二部部长碇常重及科学工作员二木两人指挥的。实验完结后，这10个人被押回731部队特设监狱。他们全部因感染了坏疽病而死掉了。

在安达打靶场用活人实验，梶塚隆二供认，北野政次向他说：

在731部队设于安达站附近的打靶场上，利用放置在一定距离的特种炸弹进行着把细菌传染到人及动物身上的实验。在进行这种实验之后，人及动物都传染上了炭疽热。可见，这种传染人及动物的实验，是经过炸弹来进行的。

北野政次所讲的是用炭疽菌进行的实验，感染炭疽菌的被实验者全部死亡，无一幸免。

在实验时，被实验者若被炸死，这次实验就得不到相应的结果。因此，731部队在实验时提供必要的保护。

731部队的实验是各种各样的。有时叫被实验者只露出臀部，进行瓦斯坏疽菌的强制感染实验。用瓦斯坏疽弹对准被实验者的臀部，近距离引爆。弹片打进他们的臀部，造成感染。然后，把他们

---

[1]《前日本陆军军人因准备和使用细菌武器被控案审判材料》，第66页，外国文书籍出版局，1950年。

拉回731部队特设监狱，不进行任何治疗，观察记录他们从发病到死亡的全过程。这种细菌从伤口处侵入人体后，患者6~8小时就会发病。病人发高烧，全身的肌肉开始坏死。一个星期后，所有的被实验的人都因肌肉溃烂而死亡。731部队进行坏疽菌实验，使用过自来水笔型手枪、手榴弹、来福枪等武器，从不同的角度射击被实验者的躯体，射中他们头部，再解剖开脑子，制成标本。或者用木棒乱打人体，以观察肌肉挫伤的情况，写成材料。

二、城子沟实验场

城子沟实验场距731部队西南5千米，面积10万平方米，四周围有土墙。这里是辽金古城址，俗称"金兀术马圈"。731部队侵占平房后，把城子沟设为野外实验场。

1941~1945年，平房特区正黄旗三屯的村民鞠复庆、侯安钦等人多次看见日本人进行细菌或毒气实验。土城中间有几十米高的木架子，上面插有红旗，为细菌实验的标志。土城四周设有日本岗哨，每次实验时，周围村屯全部戒严。村民们看见过日本人整汽车地往实验场运送过马、牛、羊、老鼠等动物。这些被用作实验的动物被固定在木架子周围。日本的飞机在城子沟上空200米左右高度对准红旗投掷细菌陶瓷炸弹，而后，实验人员去现场检查实验结果。附近村民在野甸子上经常看见烧焦的草和动物尸体。

731部队劳工中队队长朱有礼和宪兵室的翻译春日很熟。春日曾对他说，城子沟是细菌和毒气实验场。日本人在土城里用动物搞实验。毒气弹毒死的动物就地解剖，取样带回731部队搞研究，剩下的动物尸体就地掩埋。

三、陶赖昭实验场

陶赖昭实验场在陶赖昭车站附近，是松花江畔的一个天然沙场。这里是731部队野外实验场之一。

1941年3月，和野武男参加731部队，当卫生兵，后来被调到543支队。他多次参加了野外实验。他回忆说：

那是夏季的一个下午，负责细菌实战的第二部突然接到石井部队长下达的"野外训练"命令，因为第二天就行动，所以有关的几个部门分别投入了紧张的筹备工作。

首先组织了30名以第二部人员为主并有第一部、第三部、第四部人员参加的野外训练队，然后由有关人员分头作准备。细菌研究班备好鼠疫菌炸弹，卫生防疫班准备足够的卫生消毒材料和卫生滤水器。实战研究班负责选好被实验对象和警备武器以及运输车辆。第二天早晨，总指挥碇常重中佐看各班的准备工作就绪后，便命令包括自己在内的10名领到三八式步枪的卫生兵到特设监狱里提出事先选定的10名戴手铐、脚镣的人，押上带篷的汽车。其他日本队员也登上敞篷汽车，队伍就出发了。下边的队员谁也不知道目的地。汽车往西北方向开通过"满洲国"军用飞机场后，转而向西南行驶了两个多小时，来到一处多积水的沙砾开阔地，实验场有本部队的人等候。10名"马路大"被分别绑在事先埋好的木桩子上，日本队员都撤退到很远的地方，除负责警备的人员在四周执行任务外，其余的人都隐蔽好，紧紧盯住实验场中心。731部队的专用飞机在实验场上空盘旋一阵后，便投下细菌炸弹。穿着防护服的队员冲进实验场，把带伤的被实验者都押上囚车，部分队员留在现场进行消毒。

训练结束后，队伍返回平房。路况不好，100多千米走了8个来小时。在回来的途中，天已大黑，坐在敞篷汽车上的人听见前面囚车里放了几枪，不知道发生了什么情况。回到本部后才得知，有个农民窥看囚车，被当场击毙了。

当时，和野武男不知道这次野外实验究竟在什么地方。根据他回忆的执行实验任务的队伍行驶的路线、地理环境及行走时间，有关学者推定，这次实验是在陶赖昭实验场。

上田弥太郎供认：

1941年9月，我在松花江省陶赖昭车站西北2千米的地区，参加检查细菌武器效力的实验，两次共7天时间。

我担任气象观测工作，到现场看投扔的炸弹，并将弹皮拾起作化验。……由小林或大西技术助手进行了业务分工，共分3个组。第一组负责收拾弹片，第二组担任培养菌的效能实验工作，第三组担任准备工作。另外，我和利本雇员担任气象工作（观测风速、气温等情况）。准备后，就由东北方向飞来一架飞机，旋转一周后投弹1个（约有100千克重），即飞去了。约30分钟后，即叫我到投弹处，因为时间的限制，让我帮助做培养工作（将弹片放入试管内，再加入食盐水50毫升，搅拌后涂上"寒天"，即放在培养器内）。之后又来了一架飞机，将已准备好的培养器等运回平房。至于效果，因当时不做研究工作，详情不知道，我听说把培养器全部拿到四部一班的孵育室去培养。[1]

---

[1] 中央档案馆等：《细菌战与毒气战》，第81~82页，中华书局，1989年。

　　731部队这次实验连续进行了两次。第一次从731部队押来30名被实验者，把他们分散绑在木桩子上，发出实验的信号后，一架飞机在实验场上空大约500米的高度，投放了一颗陶瓷炭疽菌炸弹，进行活人实验。第二天，又进行了炭疽菌投弹实验。细菌实验后，一批队员负责把被实验者押回731部队。上田弥太郎等一批队员留在现场，收集陶瓷细菌弹片，检验细菌实验效果。

　　经验证，在高温条件下，炭疽干细菌有很强的耐热力，染菌的弹片上，细菌还有不少存活着，上田等人把带炭疽菌的陶瓷弹片捡回去，装进玻璃器具里，经简单处理后，用飞机运回731部队，又培养出新的菌株。而30名被实验者经过观察"治疗"，陆续死亡。

四、松花江中小岛上的实验

　　1944年11月，榊原秀夫去林口支队任职，他与前任荒懒少佐办理交接手续时，看到了731部队第二部野崎少佐关于迫击炮弹片飞散情况的调查，也就是细菌弹基础实验的文件。榊原秀夫说，这份调查报告记载了1942年"在松花江中的小岛上（哈尔滨附近）发射迫击炮弹，从落下的地点测量散布距离，证明迫击炮弹在中心点直径8~10公尺的范围内有杀伤能力。迫击炮弹是陶瓷制的，其中装有细菌，是耐热性的炭疽菌"[1]。这次实验是731部队野崎少佐指挥的，他们从731部队提出10多名被实验者绑在木桩子上，用飞机投放陶瓷炭疽炸弹，进行一次临时野外实验。实验后，野崎写出了这篇调查报告，赠送给他的同学荒懒。

　　山内丰纪到大连卫生研究所任技师后，一次，他在食堂吃午饭

---

[1] 中央档案馆等：《细菌战与毒气战》，第83页，中华书局，1989年。

时，听二木技师讲述了日军投放炭疽弹进行人体实验的事例：将瓦斯坏疽菌液装入石井式炮弹内，把"马路大"捆绑固定在木桩子上，向他们进行炮击，然后检查负伤的人是否发生了炭疽病。

五、细菌的"雨下实验"

"雨下实验"就是把霍乱菌液或伤寒菌液或鼠疫菌液装进喷撒器里，从空中往下喷撒。经过验证，用这种方法喷撒霍乱、伤寒菌效果好，但不适于鼠疫菌。实地投撒细菌，731部队在诺门罕战争中使用过，731部队参战的有几十人因被细菌感染而死亡。

田村良雄供认，1940年7月，731部队编制了大量的细菌生产队，在川岛清指挥下，大量制造各类细菌。

7月初旬，奉总指挥川岛清大佐命令进行细菌撒布实验……带着50个培养器到田地里，当航空班的飞机撒下大肠菌时，取掉培养器的盖，撒完后盖上带回来，由研究人员进行撒布条件的研究。[1]

这次实验是在距731部队3千米的一片黄豆地里进行的。田村良雄他们把培养器分散摆在黄豆地里，揭开盖，撤离演习现场。实验开始后，飞机下雨般喷撒伤寒菌液，菌株被撒落在培养器里。实验后，田村良雄等人取回培养器，交给柄泽班进行细菌培养，结果又培养出伤寒菌来，而且分布均匀。

731部队多次进行过细菌的"雨下实验"。上田弥太郎曾做过将跳蚤分别从500米、1000米、1500米、2000米高空抛撒下来结果

---

[1] 中央档案馆等：《细菌战与毒气战》，第58页，中华书局，1989年。

的比较表。结果显示，越是在高空，抛撒效果越差，在2000米高空投撒的跳蚤全部死掉了。

原731部队军属人员冲岛所在的细菌检索班，任务是为细菌实战做准备，配合在野外进行设想性的实验。冲岛回忆说：

> 为了探讨细菌撒布的有效范围和程度，我们经常用鸡蛋作为代用的实验材料，在731部队本部专用的飞机场进行实验。……一旦取得良好效果，就把菌液掺入蛋液里，即可在实战中使用了。

> 为了检测实验用的液体在无风状态下落地的速度，我们在哈尔滨南郊一隅的忠灵塔内做过一次实验。为准备在江河中投撒细菌，我们还在松花江的僻静河段进行投撒液体流速和散布状态的实验，即把掺有色素的液体投入松花江，观测其流速和散布状态，以取得经验，在实战中应用。

第五节　其他实验

一、冻伤实验

1938年，石井四郎针对在高寒地区作战的实际需要，设置了冻伤研究课题。在严寒的冬季，在活人身上进行冻伤实验。

冻伤实验室的一个平房里，浇筑了一个长3米、宽2.5米、深0.5米的小水池，临时灌水，专门用于搞冻伤实验。日本人经常让受实验者站在水池子里做实验，让人的上肢或下肢浸泡在水里，水温逐步降低，直至结冰，再把冰凿开，把人押回牢房，观察冻伤情

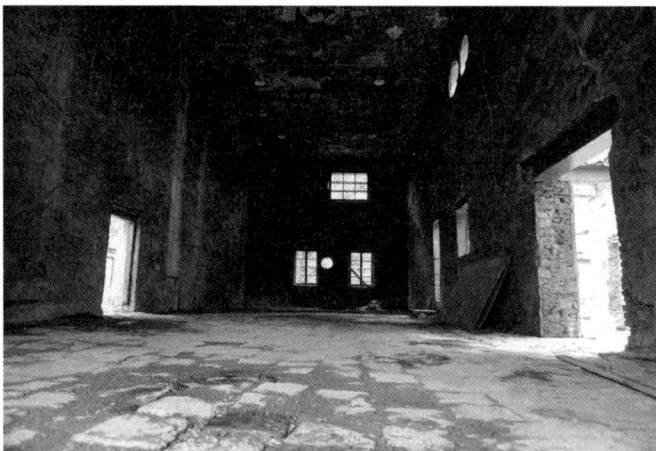

冻伤实验室旧址内景

况。731部队的监狱和冻伤实验室有地下通道连接，被实验者被秘密押解到冻伤实验室进行残酷的实验，外人无法知道。

日本治疗冻伤一向是实行低温摩擦法。石井部队在被实验者身上进行了冻伤的治疗法研究。1943年3月中旬，在山西崞县城内旅团司令部讲堂，准尉以上的人参加的讲演会上，石井四郎讲了冻伤治疗法，他说：

根据在伪满洲国的部队用中国俘虏进行研究的结果，人的体温降到32摄氏度时即会死亡，但及时放到37摄氏度的温水中还能挽救；手指冻伤的时候，用同样的方法可以治好。而过去的摩擦的方法是不好的。[1]

731部队教育部部长西俊英供认：

我从科学工作员吉村口中听说，在严寒天气下，即在冷到零下

---

[1] 中央档案馆等：《细菌战与毒气战》，第86页，中华书局，1989年。

20摄氏度时，部队监狱里拘禁的人常被赶到外面去，然后他们的手暴露出来，用人造冷风使其手冻伤。随后就用小棍敲打冻伤了的手，直到被敲打的手发出与木板相似的声音时为止。除此而外，我还阅览过吉村关于实验情形的报告。

关于这点也摄制有电影。影片上首先展示把四五个戴脚镣的人赶到露天去，他们身穿棉衣，两手光着。随后就用一架巨大的扇风器用人工方法加速冰冻过程。然后用小棍敲打冻僵的手，以便检查它们是否已经完全冰冻。接着就展示如何把手已冰冻的人送进屋里去。吉村对我说，此种研究是为了将来对苏战争而进行的。[1]

《跨国取证"七三一"》一书中写道：

冻伤实验是731部队重要的实验种类。在严寒的冬季，731部队吉村班人员强迫"犯人"裸露身体或仅穿单衣到室外接受冷冻；如果是夏季，他们就把人赶入冷冻室。冷冻达到一定程度后，他

冻伤实验室旧址	731部队吉村班班长吉村寿人	吉村寿人于1941年10月26日完成的关于冻伤实验的报告

[1]《前日本陆军军人因准备和使用细菌武器被控案审判材料》，第302～303页，外国文书籍出版局，1950年。

们便拿着小木棒打"犯人"的肢体，当发出很硬很脆的声音后，他们便把人抬入另外的实验室以不同的方式给予解冻。有的用冷水浇，有的用温水泡，有的用烧开的热水烫，以求得最佳解冻方法。被实验者在极大的痛苦中，有的当场死掉，有的烂掉皮肉露出白骨。

为了病理实验的需要，他们有时给被实验者的冻伤处涂上各种药膏，以观察病变过程。经过无数次这种毫无人性的实验，731部队得出的结论是用37摄氏度的温水浸泡是治疗冻伤的最佳方法。[1]

二、毒气实验

大久野岛位于濑户内海，历史上为军事要塞。1917年，日本在东京陆军军医学校内设置化学武器研究室；1918年成立毒气临时调查委员会；经过一年的考察，设立陆军技术本部，并设陆军科学研究所。自此，日本化学武器的研究正式开始。1923年，日本的一次大地震使位于东京户山的"科研"及兵器工厂遭到破坏，处于分散设置的考虑，日本当局决定将包括化学武器在内的武器制造工厂移到广岛以西的地方。1927年东京兵器工厂所属的忠海武器制造所成立。这时，日本开始在大久野岛建设毒气制造工厂，两年后正式生产毒气。

大久野岛的毒气工厂西南部是较低的开阔地，中部、东北部的山丘成了濑户海外的天然屏障。在开发建设毒气工厂之前，日本当局就把岛上的居民撵走，从日本国内各地招募生产技术人员建立军事要地。生产毒气的技术人员从几十人逐步发展到6000多人。这

---

[1] 金成民等：《跨国取证"七三一"》，第95页，黑龙江人民出版社，2002年。

个毒气工厂把生产的各种毒气装填成毒气炮弹以及发烟筒，通过陆军广岛兵器补给厂忠海分厂运往中国各地。

1939年8月，日军将50罐装的1000千克氰酸毒液运到大连港，准备转运到驻扎在齐齐哈尔的侵华日军胜村部队。胜村部队是日本关东军技术部化学班，1939年9月改称关东军化学部，1941年称满洲第516部队。1939年，在诺门罕战争中，胜村部队使用了生物化学武器。

大久野岛生产的毒气及化学武器不断发往侵华日军的各个师团。在美国国立档案馆保存的东京审判材料中可以发现，侵华日军于1937年7月至1942年11月，在中国较大规模地使用化学武器，至少有56次。根据小柳津政夫的调查，1941~1942年间，忠海兵器制造所生产的发烟筒、毒气制品大量发送到中国和东南亚一些国家，供日军使用。

日本发动侵略战争期间，大久野岛毒气制造工厂昼夜不停地生产毒气制品。在制造毒气过程中，有不少生产人员中毒。据村上初一证实，大约有2200人中毒，其中死亡229人，大部分患者留下后遗症。战后，迁移到大久野岛的居民仍有4000人有不同程度的中毒反应。

731部队第二部设毒气研究班，以活人为材料进行毒气实验。实验人员把被实验者推进密封的玻璃柜内，分别进行一度、二度、三度的毒气实验，直至把他们毒死为止。该部队平时对监押的"实验材料"进行防毒和施放毒气的实验，一旦遇到被实验者的反抗，日本人就使用毒气将牢房的人全部毒死。

石井部队到东北不久，便与奉天宪兵队联合进行了多次毒气实验。奉天宪兵队庶务主任平中清一供认，1934年10月，奉天宪兵队司令官派人在四平进行演习，杀害中国人1000余名。

1934年11月10日至12月25日，奉天附属地宪兵分队警务系的宪兵渡边长太夫被派到伪满四平省四平街关东军防疫给水部四平支部担任警戒。这个防疫给水部就是哈尔滨平房驻地石井部队的前身。他供认：

在我被派遣期间，以活人进行电气和瓦斯等化学实验而杀害的中国和平居民约60人。我的具体罪名是：先后两次在四平站受领由日本侵略军守备队某军曹用火车运来的60名无辜的中国和平居民，我将这些人用汽车运到防疫给水部四平支部的拘留所，加以监禁，我每天进行警戒，以防止他们脱逃。同时根据实验的需要每天交出2或3名中国和平居民作为电气、毒气实验的牺牲品。更为严重的是，我先后数次协助实验员，以电气实验残杀了4名中国和平居民。尸体在所内的火葬场焚烧了。[1]

上田弥太郎供认，731部队在警备和毒气演习中，大量地屠杀人员，他记得两次演习就杀害了200来人，其中是否有苏联人和蒙古人他不知道。上田弥太郎说，1942年2月，由于被实验者的反抗，伊藤技师的细菌注射实验计划被打乱，他气急败坏，施放毒气将7号牢房的人全部毒死。

1945年，731部队败退时用毒气把特设监狱关押的人员全部杀害。

731部队送进毒气场搞实验的人，有不少是在冻伤实验和血清

---

[1] 中央档案馆等：《细菌战与毒气战》，第63页，中华书局，1989年。

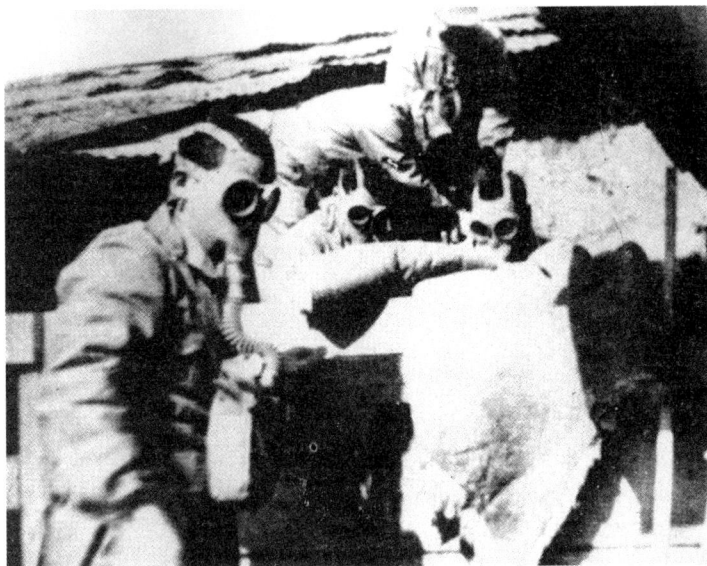

731部队成员在野外实验场上

731部队成员在野外毒气试验之前

实验后幸存的人。这些人肢体残缺，生命垂危，又被用毒气进行实验，直至摧残致死，尸体被解剖。

731部队的毒气实验室是个镶有玻璃的小屋，受实验者从特设监狱被提出来，绑在台车上。这种台车上面有一根柱子，用来捆绑受实验者。台车可以在通往毒气实验室的轨道上移动，受实验者沿着轨道直接被送进实验室。受实验者有时穿衣服，戴防毒面具，做防毒实验；有时只穿裤衩进去，进行毒气实验。在不足4平方米的小实验室里，经常有老鼠、鸡、狗、猴、人等一起被放进去，接受实验。该部队的毒气实验场主要在城子沟，另外，在距731部队西北4千米远的洼地、731部队飞机场北边500米左右的空场上都设置过临时毒气实验场。731部队在附近地区修筑了一个半卧式掩体，外人称之为"航空班特别靶场"，在这里，731部队也进行过毒气实验。

731部队毒气实验室旧址

731部队毒气地下储藏室旧址

三、"烤人"与穿透实验

731部队在安达打靶场，以人为实验材料，不仅进行细菌实验，也进行一般武器的杀伤力的实验。

1943年夏季的一天，这天很炎热。在安达打靶场场排列着10多辆报废的坦克和装甲车。731部队从特设监狱押来10多名被实验者，731部队成员强制那些被迫穿着草绿色的军队文职人员服装的人登上了旧坦克和装甲车，周围有配备着轻机枪和步枪的特别班班员包围着他们，想反抗和逃跑是办不到的。每辆坦克里塞进两个人，装甲车里进1个人，然后盖上盖，让被实验者憋闷在里面。当所有的被实验者进入坦克和装甲车里面后，一队日本关东军总司令部派来的士兵背着草绿色的大桶赶到。桶里装着用汽油、柴油和空气配成的燃烧剂，桶的右上角有一个胶皮管，胶皮管头上装着金属喷嘴，那是火焰喷射器。命令下达后，日本士兵在距离坦克和装甲车20~30米不等的地方射出白热的火焰。这火焰包围了坦克和装甲车，1000摄氏度以上的高温炙烤着车辆，并响起轻微的爆炸声。10多秒后，日本士兵停止了射击。这时，红黑色的烟雾中露出了被烧坏、变形的坦克和装甲车。过了一会儿，日本士兵到车内进行检查时，被实验者全被烧焦了。

另一种实验是穿透实验。把押到安达打靶场的被实验者的眼睛蒙上，分成组，每组10人。各组的"实验材料"分别把身体贴紧，前后排成一行。有的组的人穿棉衣，有的组的人穿单衣，有的组的人裸体。731部队队员把这些人当作用枪弹穿射的"实验材料"。他们把上膛的三八式步枪对准排在队列前的被实验者。命令下达后，士兵们开枪射击，被实验者一个接一个地倒下去。731部队的队员们记录下被三八式步枪在不同距离射穿的几个被实验者的数据以及人体的穿透性能。这种实验，731部队进行过多次。[1]

---

[1]〔日〕森村诚一，祖秉和、唐亚明译：《食人魔窟》，群众出版社，1984年。

第四章

惨绝人寰的细菌战

1939年，731部队在诺门罕战争中首次使用了细菌武器。此后曾数次组织远征队，配合日军的进攻战，对浙赣铁路沿线、湘滇等地区实施了多次细菌战，造成瘟疫大规模流行，给中国人民带来巨大灾难，严重危害了自然生态和人类生存环境。

第一节　诺门罕细菌战

一、蓄谋出兵

1931年九一八事变后，日本关东军侵占了中国东北，并以此为基地，准备对苏战争。关东军认为进攻苏联是迟早要进行的，因此，他们蓄谋将蒙古人民共和国作为跳板，进而入侵苏联。为此，他们不断地在中蒙边界的诺门罕地区挑起争端。1936年11月，日本与德国签订《反共产国际协定》，其气焰更加嚣张，第二次世界大战一触即发。1939年，日本完成了对中国大部分领土的占领，蓄谋已久的关东军错误地估计了战争形势，在罕达盖—将军庙—阿木古郎一线至哈拉哈河沿岸悍然发动了诺门罕战争。面对日益险恶的战争形势，斯大林委派朱可夫将军，迅速集结机械化部队，奔向诺门罕战场。

从1939年5月4日至9月16日，历时135天，在内蒙古自治区新巴尔虎左旗东南部的诺门罕地区，日本关东军、伪满洲国军队与苏联红军、蒙古人民共和国军队对战，打响了世界战争史上最早的一场大规模现代化战争。在将近7800平方千米的战线上，双方投入兵员20余万人，大炮500余门，飞机900架，坦克、装甲车上千辆，伤亡6万余人。日军耗损5.4万兵员和大量武器，决意在战争后期实施细菌战。

日本关东军侵占中国东北后，关东军直属细菌部队加紧准备对苏作战。1938年3月下旬，731部队长石井四郎去海拉尔等地考察，对全体军医的讲话说：

日苏战争只是时间问题，迟早是免不了的。现代化的武器唯一（高效）的就是细菌武器，日本对细菌战是有把握的，你们身为军医，就得在平时提高自己的业务，学习新的科学知识，一旦战争爆发，马上就能用上。[1]

石井四郎的预言在一年后实现了，诺门罕战争爆发。石井四郎亲临前线，部署实施首次细菌战。

诺门罕战争打响后，关东军司令官植田谦吉大将准备进行细菌战。为此，他到石井部队视察，了解它的实力。当时，石井部队驻扎在哈尔滨平房站，整个部队有400多名队员，细菌生产设备也比较简易，但该部队已经具备了生产细菌的能力，能够制造赤痢、伤寒、霍乱、炭疽等细菌，也能生产少量的鼠疫菌。

对作战方案，诺门罕前线指挥官小松原道太郎中将进行了详尽的分析。他认为，采用榴弹炮向苏、蒙阵地发射细菌弹，必然会引起苏、蒙军队的还击，这样，细菌弹就有可能在日军阵地爆炸，使日军部队遭受损失。用飞机高空投细菌弹，难以命中目标，且细菌会统统死掉；而低空飞行投撒，细菌散布的面积太小，飞机又可能被苏军、蒙军击落，保证不了飞机的安全。最后决定派敢死队进行撒菌弹。为

---

[1] 中央档案馆等：《细菌战与毒气战》，第172页，中华书局，1989年。

避免日军遭受细菌感染，他们决定在日军撤退时使用细菌弹，来阻止苏军、蒙军的追击，使对方官兵感染传染病，耗损其战斗力。

与此同时，石井四郎加紧部署参加诺门罕战争的准备工作，于1939年6月成立了细菌生产队开始大量生产细菌。该队由培地班班长早川清少佐任总指挥，60名队员被分成两队，在培养器调制班和无菌室班专门生产供诺门罕战争中细菌作战使用的伤寒病菌、霍乱病菌、发疹伤寒病菌。

6月中旬，731部队山口班的6名班员，在班长山口的指挥下，开始制造细菌榴霰弹。田村良雄小组在山口班笛木军曹的指挥下，大量生产榴霰弹。田村良雄供认：

在直径约0.5厘米、长约1.5厘米的铁片上锯出×形的沟，在上边涂上防锈剂。这一工作约进行了3天，3个人共制造了约2000个弹片。[1]

生产出来的大量细菌榴霰弹，由生产人员逐次运到将军庙、海拉尔等地。田村良雄曾参加细菌运送工作，他说：

根据细菌大量生产队第一队长准尉小林松藏的命令，我和另外3人，在田部井班内将每1毫升内含有30毫克的伤寒病菌菌液灌了两煤油桶，第二天我和另两人将其运到兴安北省将军庙，交给因诺门罕事件盘踞在将军庙的难波准尉。[2]

田村良雄还说，这些细菌被碇常重率领的挺进队撒在哈拉哈河

---

[1] 中央档案馆等：《细菌战与毒气战》，第246页，中华书局，1989年。

[2] 中央档案馆等：《细菌战与毒气战》，第247页，中华书局，1989年。

中。此外，田村良雄等30名少年队员还负责将在诺门罕战争中使用的军用器材运送到海拉尔。

1939年，鹤田兼敏在少年队集训后，被分配去从事跳蚤培殖工作。当时正值诺门罕战争爆发，石井四郎命令部队加紧生产鼠疫跳蚤。他们用石井式培养箱培殖跳蚤已满足不了需要，于是开始利用数百个空汽油桶繁殖跳蚤，仅1个月，就繁殖了足够批量的跳蚤。鹤田等人把装入大桶里的跳蚤，昼夜兼程运送到诺门罕地区将军庙。

至此，细菌生产、运输任务基本完成，石井四郎开始部署兵力。石井部队共派出200人，以关东军防疫班的名义参加诺门罕战争。参战的细菌部队分两部分，一部分由少年队教官佐佐木少尉带队，他们是为日军前线部队供水服务的防疫班和整备班；另一部分队员组成阴谋破坏班，即敢死队，其任务是在水源地散布细菌、担负前线的作战任务。

西俊英证实了敢死队参加诺门罕细菌战的事实。1944年7月，他从孙吴支队被调到平房担任731部队教育部长，交接工作时他从前任园田中佐的保险柜内发现了一个文件，上面说明日军在诺门罕事件发生时使用过细菌武器。他供认：

保险柜内藏有当时摄制的照片和底片、参加此次战役的敢死队队员名单及碇常重少佐下的命令。现今我还记得，敢死队内有官佐两名、曹伍长及士兵20名。在这张名单下面有用鲜血签的一些姓名……随后还有碇常重下的详细命令数则，其中说明应怎样乘汽车、怎样利用火油桶，接着还有一些说明如何归队的指示。我从这两份文件中明白知道，由二三十人组成的这个敢死队用细菌传染了一条河，我想那就是哈拉哈河。[1]

出发之前，在佐佐木少尉的命令下，田村良雄与其他30名少年队员为部队准备了各类器材，有甲型滤水机20个、乙型和丙型滤水器各50个、摩托车约20辆及其他军用器材若干，这些军用物资通过火车运到海拉尔去了。

石井部队的每个防疫班配置了1台装有甲型石井式滤水器的给水车，跟随野战部队行动。这种滤水器能保证1个联队一周的用水。它的水箱是用木料制作的，当遭遇对方军队，有被截获的危险

搭载石井式滤水器的滤水车

日军使用石井式滤水器进行滤水作业

水质检查

石井式滤水器开始贮水

---

[1] 《前日本陆军军人因准备和使用细菌武器被控案审判材料》，第301～302页，外国文书籍出版局，1950年。

时，可立即烧毁滤水器。一切准备就绪后，这支200余人的队伍陆续出发了，石井四郎亲临诺门罕战场督战。

二、首战诺门罕

诺门罕地区是茫茫草原，其间有沙地和沙丘，视野开阔，遮蔽物少，作战时不容易隐蔽。哈拉哈河流经其地，河宽50~80米，水深2米左右。石井部队的敢死队就是在哈拉哈河投撒细菌的，这是该部队首次在大规模战争中实施细菌战。

石井部队参战时，诺门罕战争已鏖战两月，正值7月。关东军吃了败仗，其附属的兴安军几乎是溃不成军。石井部队是关东军在诺门罕战场上抛出的最后一张王牌。前线指挥官小松原道太郎专门抽调部队保护他们的安全，并在其驻地附近架起高射炮以防空袭，还放出警犬四处巡逻。

7月10日，石井四郎开始部署作战任务，准备作战器材。经过侦察后，敢死队确定在布尔德诺尔和胡鲁斯台诺尔之间的哈拉哈河

731部队在诺门罕战场上

中撒放细菌。

鹤田是石井部队敢死队队员,他参加了在哈拉哈河抛撒细菌的行动。战后,他回忆说:

我是在诺门罕战争开战后2个月进入战场的。一天下午,我们三人小组为执行去胡鲁斯台河撒菌的命令,把装有伤寒菌液、鼠疫菌液的容器和染疫鼠以及撒菌的用具装上汽车后,就从将军庙出发了。天黑时,我们赶到了胡鲁斯台河岸,先隐蔽在一片松树林里,将菌液瓶装上橡皮船。胡鲁斯台河是哈拉哈河的支流,此时,日军和苏军、蒙军还在15千米外的远处对战,隆隆的炮声不断地传来,空中时时有信号弹升起,还有苏军的飞机在盘旋,我们的心情十分紧张。

班长观察了一下地形,胡鲁斯台河对岸是一块十几米高的台地。如果趁夜色,在河里进行撒菌作业,那对岸的苏、蒙巡逻人员就难以发现。于是,我们登上橡皮船,借着半明半暗的月光,一边逆水而上一边进行撒菌作业。

诺门罕战场上的石井式滤水器在工作

　　大概由于太紧张，作业时，我们班长难波感染了肠伤寒病。我返回哈尔滨后听说，他转入海拉尔陆军医院治疗，不久就死了。

　　石井部队敢死队除了在哈拉哈河抛撒细菌外，还肆意施放细菌，杀害平民百姓。鹤田还讲了一件令人发指的事：

　　那天撒菌，我们小分队从将军庙出发，途中，在一户农家休息，谎称是过路的日本人。那家人包了韭菜馅饺子款待我们。临走时，我们趁农户主人不防之机，把随身携带的鼠疫干燥菌偷撒在农房里。当我们完成在哈拉哈河的撒菌任务后，返回这户人家后，那家三口人全都死掉了。[1]

　　此外，据田村良雄供认，日军还在诺门罕战场前线用野炮将细菌榴霰弹发射出去，杀害了蒙古国和苏联人民。

在诺门罕战场巴尔其嘎尔738高地，石井四郎（右）
与山县武光联队长会面

---

[1] 韩晓、辛培林：《日军七三一部队罪恶史》，第252页，黑龙江人民出版社，1991年。

三、细菌战结局

1939年8～10月，诺门罕战场上的日军、伪满军伤病员接连不断地从前线转到海拉尔，其中有不少人感染了伤寒等烈性传染病。海拉尔陆军医院及当地所有医院都住满了。石井部队的田部井班、濑户川班、藤井班、培地班全部出动，参加诺门罕战争的防疫行动。

1939年10月，石井部队从诺门罕战场惨败而归。在本部工作的山内丰纪笔供：

> 出动的部队由诺门罕归来，从班员口里透露了关东军之惨败情况，特别令人震惊的是防疫给水部遭受了严重打击。[1]

他听参战的人讲，苏军、蒙军英勇善战，关东军被打得落花流水。细菌作战器材损失巨大，而人员伤亡更为严重。

诺门罕战争期间，石井部队将霍乱、伤寒、鼻疽等细菌投入哈拉哈河中，企图用细菌攻击苏、蒙军队，削弱其战斗力。结果事与愿违，苏军、蒙军由后方水源地直接向前线铺设了专用供水管道，供参战部队饮用，苏、蒙前线部队不就地取水，因此，在细菌战中没有造成大的伤亡。而日军和伪满国军作战时主要靠当地水源，在后方给水不到位的情况下，一些士兵误饮了哈拉哈河的水，再加上敢死队员匆忙作业，使一些队员不慎感染了细菌，他们成了细菌战的牺牲品。

战后，据日本关东军军医部统计，日军方面患伤寒、赤痢、霍乱等烈性传染病的达1340人。石井四郎回到平房后，命令所有队

---

[1] 中央档案馆等：《细菌战与毒气战》，第75页，中华书局，1989年。

员保守秘密，绝不能透露诺门罕细菌战的真相。直至战后，才有队
员提供了证词，披露了石井部队在诺门罕战争中进行细菌战的
罪行。

诺门罕战争以关东军失败宣告结束，石井四郎却受到了表彰。
在诺门罕战争中使用细菌攻击，效果甚微，但石井四郎实施细菌战
的行为，得到了日军大本营的认可。其后，他继续研制细菌武器，
又在中国华北、华中、华南等地进行了细菌战。

第二节　浙江细菌战

一、宁波细菌战

（一）远征浙东

进行细菌战，是日本侵略战争的组成部分，侵华日军各个部队
都设有特种细菌部队或研究机构，其中石井部队是骨干部队。因
此，在其他战场上，石井部队经常派远征队指挥、协同其他部队进
行细菌战。

1940年10月27日，石井部队远征队对浙江宁波等地发动了细
菌战，直接指挥浙东地区细菌战的是荣字第1644部队长大田澄大
佐、山本吉郎中佐。日军出动100余人，投撒鼠疫、霍乱、伤寒等
细菌125千克，总指挥是石井四郎。井本中佐日记中记载：

关于向浙东沿海一带城市采用的细菌武器进攻，均由石井四郎
大佐率领，具体攻击方法是空中投放法，投放品分鼠疫跳蚤和肠道
菌液两种。按东京下达的命令，部队决定要从杭州笕桥机场（原中

央航空学校，为细菌战基地），换上当地飞机进行侦察、施放任务。[1]

石井四郎重视宁波鼠疫战，命令拍摄了一部电影纪录片。该部队教育部长西俊英观看过这部纪录片，他供认：

我看过一部说明731部队所派遣远征队于1940年间在华中一带行动情形的纪录影片。

起初在银幕上映演的，是装有鼠疫跳蚤的器皿怎样被安置到机身下面去。随后映演的，是撒放器怎样被安置到飞机翅膀上去。接着就是一段解释，说明这一器皿内盛有鼠疫细菌。然后就映演有四五个人坐上飞机，但究竟这几个人是谁，我不知道。接着飞机就飞向天空，随后又是一段解释，说明飞机向敌人方向飞行。然后那架飞机就飞到了中国军队上空。随后几幅镜头是表示飞机动作、中国军队动向及中国村庄情景的。接着就出现一股烟气脱离飞机翅膀向下坠去。随后有一段解释，说明这股烟气乃是撒放到敌军头上的鼠疫跳蚤。然后飞机就飞回机场。银幕上出现了"作战完毕"几字。随后就是飞机降落，消毒人员来到飞机跟前，接着就是飞机消毒的情形。随后有数人下机：首先下机的是石井中将，跟随在他后面的是碇常重少佐，其余的人我不认识。随后出现了"战果"二字，映出一份中文报纸以及从这份报纸上译成日文的一段消息。解释文上说道，在宁波一带忽然发生了强烈的鼠疫流行病。最后一幅镜头，是中国卫生队队员身穿白大衫在发生鼠疫的地区消毒的情形。[2]

---

[1]〔日〕井本熊男：《中国事变作战日记》。

[2]《前日本陆军军人因准备和使用细菌武器被控案审判材料》，第301页，外国文书籍出版局，1950年。

石井四郎为了炫耀战功，极力推崇这部影片，每当重要人物来731部队视察，都要放映这部影片，关东军总司令官山田乙三、日本皇属竹田宫和三笠、关东军司令部高级官员和日军参谋本部代表都观看过这部影片。他还把这部影片作为细菌战教材，在各类培训班上放映，用以培养细菌战人才。

柄泽十三夫供认：

1940年9月，石井将军带了部队内其他一部分军官到汉口去，同年12月返回了本部队。据那些随同石井将军到过汉口的军官转回来时说，使用鼠疫跳蚤一举，业已奏效。散布跳蚤引起了鼠疫流行病。参加过那次远征队的野崎少佐曾拿出一份中国报纸给我看，报纸上有篇论文指出说，宁波一带发生了鼠疫。接着，该论文作出正确结论，说这次鼠疫症的肇事者是日本人，因为有人亲眼看到，有架日本飞机飞过该区域上空时，曾在不高的地方扔下了什么东西。这篇论文，我亲自读过。[1]

1644部队是石井部队远征队的基地，远征队到达南京后，就住在1644部队营舍内。1644部队有科哈式锅炉50具，具备生产细菌的能力，每个生产周期（3~5天）能够制造10千克细菌，还可以繁殖鼠疫跳蚤。该部队定员1500人，每年培养300名细菌干部。部队长大田澄大佐毕业于冈山医专，是医学博士，他是石井四郎的继任者，和石井四郎有特殊的关系。在宁波细菌战中，1644部队配合石井部队远征队作战，为远征队补充了兵力、物资，供应了相当

---

[1]《前日本陆军军人因准备和使用细菌武器被控案审判材料》，第25页，外国文书籍出版局，1950年。

数量的鼠疫跳蚤，联合完成了宁波地区细菌战任务。佐藤俊二继任1644部长后，他听大田大佐及小野寺中佐说：

1940年在宁波一带、1941年在常德一带、1942年在浙赣一带动作时，均使用过细菌武器。并且当时所使用的，都是从飞机上撒放的鼠疫跳蚤。[1]

石井四郎在诺门罕战争中吃了败仗，在宁波细菌战中尝到了甜头，他很是得意。川岛清供述，石井四郎曾拿一份中国杂志给他看，杂志上刊登了1940年宁波一带流行鼠疫的文章。石井四郎给他看过杂志后说，731部队远征队在宁波一带投撒过鼠疫跳蚤，结果在那里引起了鼠疫流行病。石井四郎认为这次远征实行细菌战是有成效的，标志着该部队用细菌武器攻击已经进入实战阶段。确实如此，这次细菌战给当地居民带来了致命的鼠疫病。

（二）宁波鼠疫

1940年10月27日下午2时许，增田美保药剂大尉驾驶一架单翼飞机在宁波上空撒下染有鼠疫杆菌的跳蚤、麦粒、面粉。"2日后，中山东路以南、开明巷以北、开明街以东、太平巷以西的5千平方米地区内爆发鼠疫，市民死亡有姓名可查者106人，其中儿童40名，赖福生等12户全家死绝。为彻底消灭疫源，忍痛烧毁疫区，计115户，137间街屋住房，尽付一炬。"[2]

---

[1]《前日本陆军军人因准备和使用细菌武器被控案审判材料》，第326页，外国文书籍出版局，1950年。

[2] 日本侵略军细菌战遗址碑。

宁波鼠疫幸存者钱贵法

　　当时的宁波鼠疫患者中仅有两个人侥幸活了下来，其中之一是元泰绍酒店学徒钱贵法，他说：

　　1940年10月22日（当是记忆错误，后本人确定为27日），有一架单翼日机从东北方向很低地飞来，在开明街、东后街一带扔下许多小麦、面粉和粟子，同时还散发画着日、德、意国旗和有两手相握表示"中日亲善"的传单。传单大意是说重庆正在闹饥荒，民不聊生，日本人民则丰衣足食，尚有余粮来救济你们。日寇企图以传单上的这些话来骗我们。第二天下午，下了一阵大雨，落在屋顶上的面粉等都被冲下来。到了30日，邻居的豆腐店店主赖福生夫妇就都病死了，当晚我们店里的何福也染病，不到一天就死去。那时别的店也传出有人得急病而死的消息，大家非常着慌。谁知道我在那天晚上也发热和头痛起来，同时海核（淋巴结）胀痛，手脚乱舞。后来我在医院里见到同我一起入院的病人都相继死掉了，只有我是从死里逃出来的。

钱贵法病倒后被拉到最严重的患者集聚的甲级隔离区。他住院不久，病得奄奄一息，几乎被装进棺材里，有个丧葬工眼尖，发现他还有气，他才有机会缓过来，留了一条命。

当时参加治疗的丁立成医师说：

1940年以前宁波不曾有过鼠疫。1940年日机在本市开明街永耀电力公司附近撒下麦子以后，该地就发生了鼠疫，共有99人染病，其中仅有2人治愈。

宁波鼠疫留下了后患，1941年，宁波沦陷后，日本军医天天到华美医院查问鼠疫感染情况。丁立成医师说：

（1941年）5月，西北街西北村有一王姓病人求治，当时抽血进行动物接种，接种后的天竺鼠不久就发作病死，乃证明是鼠疫。[1]

日本军医还割了天竺鼠的一块脾，拿回去化验。

据宁波市医学研究所所长黄可泰、顾问吴元章考证，1940年10月27日，日军飞机先后两次侵入宁波上空：早7时左右散发了传单；下午2时许，投撒了鼠疫跳蚤。30日晚，开明街口滋泉豆腐店店主赖福生夫妇暴死。到11月30日，新发疫病终止，在这场鼠疫流行期间，宁波市至少死了106人。有115户人家的137间房屋因鼠疫而被烧毁，人们称之为"鼠疫场"。

---

[1] 中央档案馆等：《细菌战与毒气战》，第281~282页，中华书局，1989年。

二、衢县细菌战

衢县（今衢州市衢江区）位于浙、赣、闽、皖四省交界处，建有国防工事和东南各省中最大的飞机场。由于衢县机场战略地位重要，731部队远征队把衢县作为重点攻击目标，在1940年10月和1942年4~8月，先后进行了两次大规模的细菌战。日军在细菌战中采用多种手段进行细菌攻击，或用飞机在居民聚集区投撒细菌，或派遣阴谋破坏小分队把细菌散布在水井、河流及各种建筑物上，或把细菌掺入食品中强迫或引诱战俘和居民食用，从而导致细菌传播。1940~1942年，日军在衢州地区撒播了大量鼠疫、霍乱、伤寒、副伤寒、痢疾、炭疽等各类细菌，使衢县变成了多种传染病的疫源地及流行区。"据衢州各县统计资料及衢防疫专家分析，8年（1940~1948）中累计发病30余万人，病死5万余人。"[1]

（一）衢县首次细菌战（1940年）

1940年，日军对浙东地区使用细菌武器，是根据大陆指进行的。大陆指是根据日本天皇命令，由陆军参谋总长下达的有关作战的具体指示。这次细菌攻击是"大陆指第690号以'特种瓦斯实验'的名目进行的。大陆指第690号现在虽然不存在了，但在《井本日记》中有关于其的记载，在'医校北条中校的有关报告'中记述道：'指示依据大陆指第690号进行的实验，要在本月末结束。'实际上，大本营陆军部发布大陆指，必须向日本天皇呈文，天皇批准后才可实施，因此，1940年后日军进行的细菌战是经过天皇同意的"。

根据大陆指命令，1940年6月5日，荒尾兴功、井本熊男、增田知贞等人策划拟订了在浙江省实施细菌战的计划。7月22日，中

---

[1] 邱明轩：《孽债难忘》，第4页，香港天马出版有限公司，2004年。

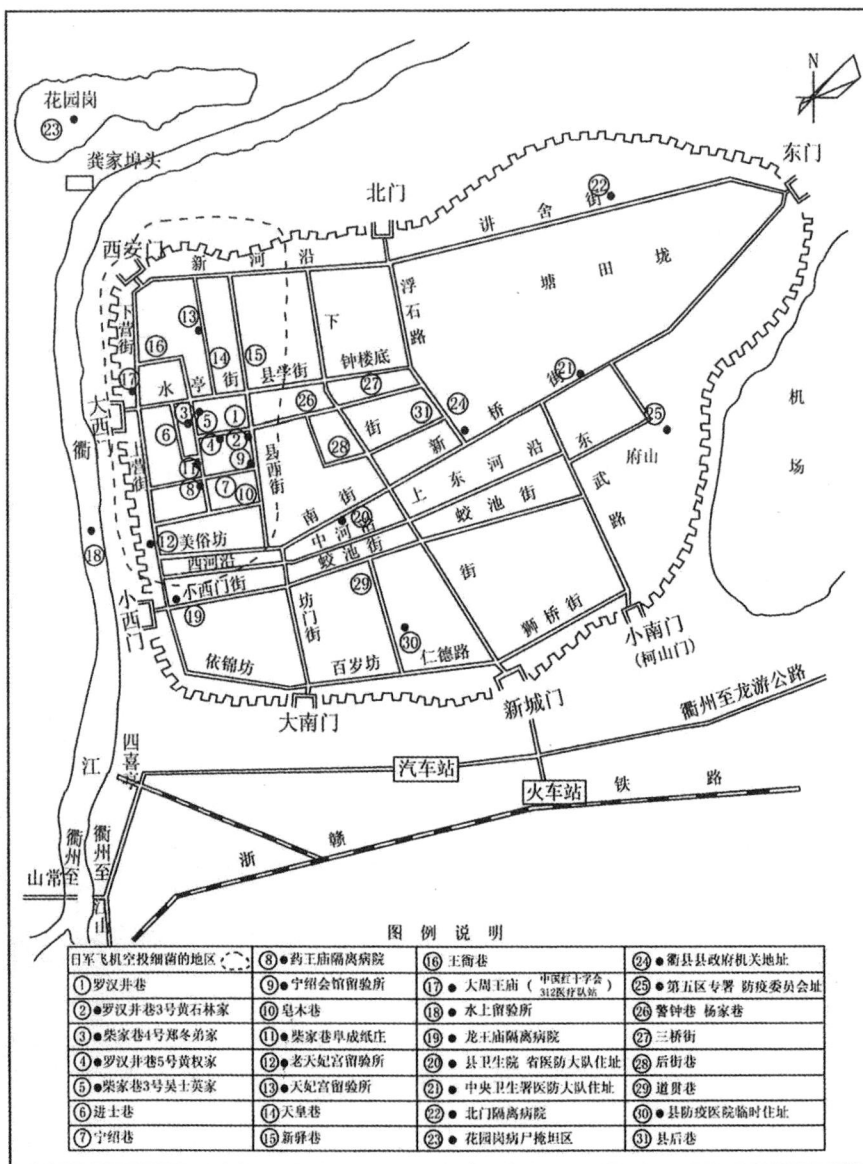

图 例 说 明			
日军飞机空投细菌的地区 ⌒	⑧ ●药王庙隔离病院	⑯ ●王衙巷	㉔ ●衢县县政府机关地址
① ●罗汉井巷	⑨ ●宁绍会馆留验所	⑰ ●大周王庙（中国红十字会 312医疗队址）	㉕ ●第五区专署 防疫委员会址
② ●罗汉井巷3号黄石林家	⑩ ●皂木巷	⑱ ●水上留验所	㉖ ●警钟巷 杨家巷
③ ●柴家巷4号郑冬弟家	⑪ ●柴家巷阜成纸庄	⑲ ●龙王庙隔离病院	㉗ ●三桥街
④ ●罗汉井巷5号黄权家	⑫ ●老天妃宫留验所	⑳ ●县卫生院 省医防大队驻址	㉘ ●后街巷
⑤ ●柴家巷3号吴士英家	⑬ ●天妃宫留验所	㉑ ●中央卫生署医防大队住址	㉙ ●道贯巷
⑥ ●进士巷	⑭ ●天皇巷	㉒ ●北门隔离病院	㉚ ●县防疫医院临时住址
⑦ ●宁绍巷	⑮ ●新驿巷	㉓ ●花园岗尸掩坦区	㉛ ●县后巷

1940年衢县城区首次遭日军细菌武器袭击情况及防疫机构布局示意图

国派遣军参谋井本熊男赴杭州实地考察后，决定把杭州笕桥机场和国民党航空学校校舍作为细菌战基地。7月25日，关东军司令梅津美治郎下达第659号作战命令后，石井部队从哈尔滨平房把各类细菌武器源源不断地运送到华中战场。与此同时，石井四郎率领远征队赴浙江战区准备进行细菌战。石井四郎的远征队与南京的荣字1644部队会合后，封锁了杭州的笕桥机场，并决定对宁波、衢县、金华等地实施细菌攻击。9月18日至10月3日，日军先后进行过5次小规模的细菌战。

10月4日上午6时半（也有资料说9时许），石井四郎下达用带鼠疫的跳蚤及霍乱菌攻击衢县的命令，航空班班长增田美保驾驶一架飞机从笕桥机场起飞，侵入衢县上空，从200米左右的高度沿着城西的西安门、下营街、水亭街、上营街、县西街、美俗坊等居民聚集区投撒粟米、大麦、荞麦、棉花、纸包、布片、鱼鳞状琼脂片、跳蚤、传单等物品。浙江省卫生处及衢县防治鼠疫委员会报告说："10月4日上午6时半，敌机一架侵入市空，飞行极低极速，警报解除后，在柴家巷罗汉井一带，发现大麦、荞麦、粟米及死蚤等颇多，当时目睹者均以为奇，有柴家巷阜成纸庄许静山者，捡集麦粟及死蚤等送该县防护团转省查验。"[1]

（二）衢县第二次细菌战（1942年）

衢县第二次细菌战是浙赣铁路线细菌战的一部分，衢县是重灾区。日军使用了多种细菌进行攻击，企图摧毁浙赣铁路线的衢县、丽水、玉山等机场，浙赣铁路线沿线的许多城市、农村遭到细菌攻击，造成大范围的疫病流行。据日军第13军情报机构成员

---

[1] 中央档案馆等：《细菌战与毒气战》，第259页，中华书局，1989年。

三品供认：

浙赣动作是于1942年间举行的，此次动作是遵照日本驻华派遣军司令泰彦将军命令举行的。这命令是于1942年3月颁发的。据总司令的命令规定，这次动作的目的是要消灭中国方面的兵力。即要消灭重庆派以及其他各方面集中在沿浙赣铁路干线，经过金华、龙游、衢县、玉山一带的兵力。[1]

战争的起因是：1942年4月18日，美国军机从太平洋航空母舰起飞，第一次空袭日本的东京、名古屋等城市。空袭后，美机降落在中国浙江衢县、丽水以及江西玉山等机场，这使日军很惊慌。为破坏浙赣铁路线沿线机场，奉日本大本营的命令，侵略中国上海的日军第13军和汉口的日军第11军发动了浙赣战役。这次战役于5月15日开战，日军先后占领了金华、衢县、玉山、广丰、丽水等地。在浙赣战役中，日军使用毒气、细菌武器杀害中国军民。石井四郎第三次派遣了远征队，他们和南京荣字1644部队再次联合，对衢县等地实施了细菌攻击。

5月27日，日军开始策划浙赣铁路线细菌战。日军细菌战要员在参谋总部研究细菌武器攻击作战方案，出席会议的有"石井四郎军医少将、村上隆军医中佐、增田知贞军医中佐、小野寺义军医中佐、增田美保药剂少佐。并确认飞机使用装有新的撒布器的九九式双发机，可能使用的细菌是霍乱菌、伤寒菌、副伤寒菌、鼠疫菌"[2]。

---

[1]《前日本陆军军人因准备和使用细菌武器被控案审判材料》，第420页，外国文书籍出版局，1950年。

[2]〔日〕井本熊男:《中国事变作战日记》。

5月30日，参谋总部第一部长传达了大陆指及注意事宜，确定实施浙赣铁路线细菌战。

石井四郎从南京飞回平房后，多次召开全体部长秘密会议。他宣布要派远征队到华中去进行细菌攻击。这期间，731部队开始向南京大量空运细菌。据田村良雄供认：

1942年6~9月，把所制成的约140千克伤寒病菌、霍乱病菌、发疹伤寒病菌，由航空班的飞机逐次送往南京地区。

川岛清和柄泽十三夫供称共准备各类细菌130千克。远征队所使用的其余的致命细菌，则是由南京荣字1644部队培养出来的。荣字1644部队积极参加了这次细菌攻击作战行动。

对浙赣铁路线细菌战的情形，川岛清作了供述：

从6月底到7月初的期间，该远征队分成好几个小队乘坐飞机和火车抵达驻屯在南京的荣字部队。这个远征队的攻击动作，应与日军在华中浙赣一带的动作同时举行。动作时间原定于7月末。但因日军在浙赣一带采取的战略退却的行动稍微迟了一点儿，所以这次细菌袭击动作是在8月底举行的。

731部队派往华中的这个远征队以荣字部队营舍为基地，并在那里建立了一些据点。这次细菌攻击行动，主要在玉山、金华及浦江一带实施。在这一行动完毕后，我才知道当时是使用撒放方法对中国人施行了鼠疫细菌、霍乱细菌及副伤寒细菌攻击。鼠疫细菌是用跳蚤散布的，而其余的细菌则是以直接将其放到蓄水池、水井、河流的方法散布的。

我知道这次细菌攻击动作是完全按照计划进行而完全成功了的，但关于这次动作的详细结果，我是不知道的。我从石井中将口中知道，这次动作是成功了的。[1]

1942年，石井四郎再次用细菌攻击衢县时，衢县前两年爆发的鼠疫还在蔓延，不仅中国军民深受其害，侵华日军也难逃恶果。5月15日，浙赣战役打响后，衢县的老百姓被迫纷纷逃往边远山区和外地，使正在流行的鼠疫进一步扩大了传染范围。

日军担心部队内部流行鼠疫，将部队移驻城郊，并将附近的民房烧毁，还在发现鼠疫的地段张贴"此处有鼠疫"的日文告示，防止日军进入疫区。8月20日，入侵衢县的地面部队准备撤退。这时，石井四郎的远征队来到衢县，企图搞阴谋破坏活动。石井四郎也飞抵衢县，与日军第13军司令官泽田茂等人谋划细菌战。泽田茂等日军核心人物担心地面细菌攻击使自己部队的士兵受害，他们决定"在因中国居民避难而无人住的地带撒播细菌，实行地面细菌攻击，在日军撤退后，使返回住地的居民感染细菌"。

8月21日，日军地面部队开始撤退，与此同时，石井四郎的远征队开始进行阴谋破坏活动，他们把各类细菌散布在水井、池塘、农田、居民住宅里，或夹在食品中让人误食，以造成疫病流行。8月31日，日军地面部队和远征队全部撤离衢州各县。

1942年远征中国内地一事完结后，石井将军在该部队领导人员

---

[1]《前日本陆军军人因准备和使用细菌武器被控案审判材料》，第270~271页，外国文书籍出版局，1950年。

会议上正式声明，在浙赣战区使用细菌武器，已收到颇大的成效，造成了几种极厉害的传染病。石井所作的这个声明是与实际情形相符合的，这点可从当时日军第13军所缴获的中国军队指挥部文件中看出，该文件内载有日军在其所放弃区域内造成了强烈瘟疫的情况。[1]

（三）疫病流行

　　1940年和1942年的衢县细菌战致使柯城、衢县、龙游、江山、常山、开化6县（区）相继发生了鼠疫、霍乱、伤寒、副伤寒、痢疾、炭疽、脓包疮、头癣等传染疾病。衢州境内90%的乡镇发生过疫病流行。1999年，衢州市卫生局卫生志办公室组织开展了"对侵华日军衢州细菌战受害区部分乡、镇的死难者回顾性调查"（以下简称衢州卫生局回顾性调查）活动，本次调查登记了41个乡镇（街道）中的270个行政村，占全市乡、镇（街道）总数的28.87%。调查查明，这些乡镇在日军细菌攻击战中死难者共5547人，其中死于鼠疫1587人、死于霍乱1008人、死于伤寒与副伤寒2173人、死于痢疾515人、死于炭疽264人。以这次调查和历史档案资料为根据，驻衢防疫专家进行了分析：衢州地区从1940年发生疫情，到1948年末，疫病流行基本得到控制，8年来，累计发病30余万人，病死5万余人。

　　衢州地区最早流行的传染病是1940年发生的鼠疫，据当时历史档案资料统计，衢县患鼠疫而死的人有21人，后经衢州有关单

---

[1]《前日本陆军军人因准备和使用细菌武器被控案审判材料》，第481页，外国文书籍出版局，1950年。

位调查核实，有名有姓的死者为36人。1941年，感染鼠疫死亡的人数超过2000。1942年8月末，日军实施细菌攻击后从衢县撤退。当时逃难在外的城乡居民纷纷返回家园。因居住环境遭到细菌的严重污染，衢州各县爆发了空前规模的疫病大流行，许多患者不治而亡，开化县死亡200余人、常山县死亡2000人以上、衢县死亡3000余人、龙游县死亡170余人、江山县死亡2500余人。1943年，疫情仍在蔓延，衢州各县患传染病的达4.5万余人，病死7600人。1944年6月，日军再次入侵衢州地区，7月日军撤退。当年，衢州人民再度遭受苦难，瘟疫继续蔓延。衢州各县因各种传染病总共死亡5338人。1945年，常山县成为疫病重灾区，出现了人皆自危、朝不保夕、棺材供不应求的悲惨局面，全县染病人数达5万，病死者突破万人。

1946年，日本投降后，衢州地区疫病发病率居高不下。当时报纸报道了各县疫病情况。9月7日，衢州《大明报》载文章报道："入夏以来，（常山县）疫情流行猖獗，无奈医药两缺，又无适当防疫措施，疫势如无羁之马，如今21个乡镇已无一片净土，死亡累累，厥状甚惨，兹据非正式统计，全县死亡数已达4000人，禾弃于田乏人收割，全家灭口者亦时有所闻……"当时，衢县大洲、柯山（今石室）十家九空，死亡260人。江山县死亡约1600人。开化县疫情严重，《大明报》载文说该县"田野无人迹，午夜多哭声，沿途只见抬棺材……一个月患疫死亡1000余人"。这一年，据衢州各县的不完全统计，各种传染病发病人数约13.5万，死亡1.51万人。1947年，中国军政当局和地方政府加强防疫，疫情逐渐减缓，当年，衢县死亡1527人。1948年衢州地区疫病基本得到控制，年内患鼠疫死亡24人、霍乱15人、伤寒与副伤寒2人、痢疾9人、疟疾与恶性疟疾19人。

关于衢州地区的疫病流行情况，时任衢县卫生院院长的潘振钰回忆说：

自1942~1946年，衢县每年死于鼠疫、霍乱、伤寒与副伤寒、痢疾、炭疽等传染病者少则2000~3000人，多则5000~6000人。后来经过政府的全力防治，至1948年后，全县疫情才逐渐缓和。

当时的衢县农行行长、商会会长戴铭允回忆说：

1942~1944年，日军两次入侵衢州。在那几年里，衢县城里几乎每条街、巷，农村几乎每个自然屯都有类似（鼠疫、伤寒等）传染病发生，当时全县有1441个保、16600多个甲，每年患上述传染病者都在万人以上。由于医药两缺，每年病死人数也有2000~3000。

当时，衢州地区各种传染病大流行，出现了"田里稻谷无人收，家里死人无人埋"的悲惨局面。

战乱频仍，疫病流行，衢州人口锐减。据《衢州市志》记载："1940年，衢州5县总人口为1123468人，到1948年已减至1000314人。8年中，人口不仅无增，反而剧减，主要是日军入侵衢州期间大肆进行烧、杀、奸淫、抢掠和日军细菌战造成瘟疫猖獗流行所致，其次是战争所造成部分人口的外迁。"[1]

---

[1] 邱明轩:《罪证》，中国三峡出版社，1999年。

1. 鼠　疫

1941年10月4日，日军在衢县空投鼠疫跳蚤及带细菌的物品后，衢县百姓中有不少人把麦粒、粟米等拿回家喂鸡，观察是否有毒。多数市民把这些物品堆积起来焚烧。衢县政府于当天上午11时，"派县防护团总干事熊俊川、干事李笠农、县卫生院院长张秉权带领医师林某及护士5人，赶赴现场察看和调查，并收集空投物，其中有罗汉井巷3号居民黄石林家金鱼池中捞出的小纸包（包中有10来只跳蚤），及该户门前收集到的死跳蚤，还有阜城纸庄许静山在柴家巷捡集的麦粒与死跳蚤等"[1]。日本飞机空投事件经调查、逐级上报后，收集物品被转交省卫生实验所检查。衢县县长崔履坤命令县城居民开展大扫除运动，焚烧一切空投物品。

"10月10日以后，衢县城西一带地区发现自毙鼠，有李明江、陈从德、王学恭、徐天明、伍振兴等人相继患急症死亡，其症状颇似腺鼠疫。"[2]但后来这5个人没有被调查组列入患鼠疫而死亡的人名单。1940年11月中旬，国民政府卫生署防疫处处长容启荣赴浙江宁波、衢县等地调查，他在《浙江鼠疫调查报告》中记载："11月18日，军政部第四防疫分队（接到浙江公路局副工程师董介如的报告，派人）调查后，方悉衢县似有鼠疫发生。20日该县卫生院接得同样报告，然后分头调查，于最近死亡例中搜出死之类似鼠疫患者6人，均系柴家巷罗汉井及水亭街一带之居民。其第一个病例为8岁女孩吴士英，系11月12日发病，15日死亡。其余5例于17日死亡者3人，19日1人，20日1人……最后1例系于12月5日发现，

---

[1] 邱明轩:《菌战与隐患》，第4页，香港天马出版有限公司，2004年。
[2] 邱明轩:《菌战与隐患》，第5页，香港天马出版有限公司，2004年。

7日死亡。总计此次衢县鼠疫发生，其流行期间系自11月12日至12月5日共24天，先后发现鼠疫患者共21人，均死亡。"[1]据调查，死者生前多患头痛、畏寒、发热、呕吐等症状。3到4日死亡。11月23～27日，浙江省卫生处处长陈万里、军政部第二防疫大队长刘经邦、福建省卫生处防疫专员柯主光、浙江省卫生处第二科长郑介安、浙江省卫生实验所技正吴昌丰曾先后赴衢县视察该县鼠疫防治情形。12月2日，吴昌丰、柯主光两位专家获悉衢城水亭街52号居民蔡金初发病，便率组前去检查。到达后，蔡金初已经死亡。专家组在蔡金初"死亡后1小时内抽取了死者淋巴液进行检验，结果检出革兰氏阴性杆菌；经将淋巴液作细菌培养，亦见有鼠疫菌发育；进行动物接种亦获阳性，从而进一步确诊蔡确患腺鼠疫死亡"[2]。同时，确认衢县已经发生鼠疫。这时，衢县城西地区鼠疫已经流行。

当时，城区居民害怕感染鼠疫后全家被隔离，房屋被焚毁，还担心再次遭到日军空投细菌，不少人逃到农村，致使鼠疫扩散。后经核查，1940年，衢县患鼠疫而死亡的人有36人。

1941年，衢县鼠疫不断蔓延，鼠疫感染者愈来愈多。其原因是衢县县城屡遭敌机轰炸，鼠疫继续扩散，许多居民迁居农村，感染鼠疫者也私自外逃。

1942年的浙赣战役中，日军再次用鼠疫菌攻击了衢县城区及廿里等浙赣铁路沿线。他们用空投和地面撒播的方法，把鼠疫跳蚤和疫鼠以及在大米上附着的鼠疫干燥菌四处散布。日军这次投放鼠疫菌使衢县本已流行的鼠疫更加猖獗起来，致使衢州地区鼠疫流行

---

[1] 中央档案馆等：《细菌战与毒气战》，第258页，中华书局，1989年。
[2] 邱明轩：《菌战与隐患》，第5页，香港天马出版有限公司，2004年。

范围传播至龙游县詹家乡以及常山县的宣风（今白石）、声教（今溪口）等地，继而扩散到衢州地区江山、开化、龙游3个县。又蔓延到上饶、义乌、东阳、蒲江、兰溪等毗邻县市。衢县城乡及周边地区没有一块净土，鼠疫蔓延到1948年才得到控制。

2. 伤寒和副伤寒

1942年，日军阴谋破坏小分队撒播了大量的伤寒和副伤寒细菌。日军撤退后，在衢县城区及寺前（今黄家）、廿里、戚家乡以及常山县的宣风等地区首先发生伤寒、副伤寒疫病。疫病流行初期，政府当局误认为是战乱时期环境恶劣所致，未作调查。伯力审判后，1942年衢州地区发生伤寒和副伤寒疫病的原因才得以证实，系日军细菌战所为。另据衢州卫生局回顾性调查结果分析，细菌战中41个乡镇（街道）死于伤寒与副伤寒者2173人，占细菌战死难者的39.18%，在各种传染病中占比最高。

有不少乡镇伤寒和副伤寒传染严重。衢县城区也爆发了伤寒与副伤寒，病死93人。同期，日本战俘营里的中国俘虏因吃过掺伤寒菌的烧饼，被释放后，他们步行南下返乡归队时，有不少人途中发病。许多感染伤寒的士兵病死在浙赣铁路沿线的江山县新塘边乡和宣风一带农村，致使当地农村爆发伤寒，有246人死于伤寒。造成伤寒和副伤寒流行的第二个原因是日军在居民聚集区散布了细菌，使居民误食误饮，从而造成疫病流行。

3. 霍乱

据衢州卫生局回顾性调查结果分析，细菌战中41个乡镇（街道）死于霍乱者1008人，占死难人数的18.17%。1942年8月，日军在衢州各地撒播霍乱菌后，江山县城及所辖青湖镇、常山县城及二都桥一带首先发生霍乱。不到1个月,霍乱疫情就蔓延至衢州各县。

江山县的青湖镇是霍乱流行的重灾区。据幸存者回忆,当时村里的青壮年都躲进山林里去了,家里只剩下老人和孩子。有4个日本兵穿便服,其中还有个日本翻译,挑着两担米果、麦饼发给老人和孩子吃。他们吃后,不少人死了,特别是孩子。日本人还把霍乱菌撒在农田和水井里,造成衢州各县的霍乱病大流行。

4.炭　疽

据衢州卫生局回顾性调查结果分析,细菌战中41个乡镇(街道)死于炭疽病者264人,占死难者的4.76%。1942年,日军在衢州各地空投了炭疽菌陶瓷炸弹,还在居民区撒播了炭疽菌,浙赣铁路沿线的衢县、龙游、江山等县先后出现了许多烂脚病人,不少人因此致残致死。不少牲畜也感染了炭疽菌,大批死亡。

衢州地区1942年以前未发现人、畜炭疽病例,1942年,日军使用炭疽菌进行攻击,致使当地人、家畜中发生炭疽病流行。

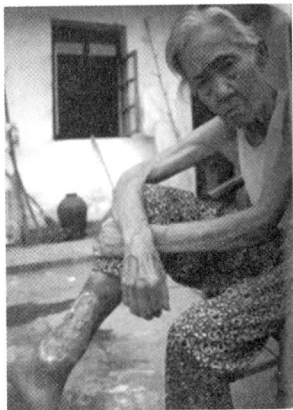

受害人童樟花　　　　受害人周文清　　　　受害人缪珍良

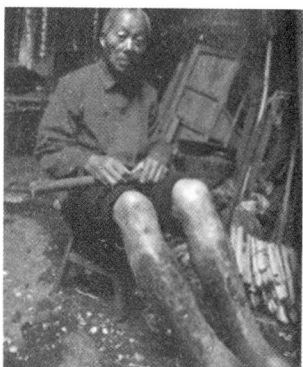

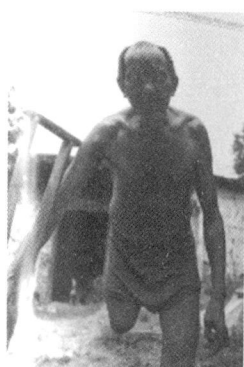

受害人毛省甫　　　　　　受害人汪泽昌　　　　　　受害人江三富

5. 痢　疾

据衢州卫生局回顾性调查结果分析，细菌战中41个乡镇（街道）死于痢疾者515人，占死难者的9.29%。1942年5月，浙赣战役打响之前，日军施放了痢疾等细菌，造成局部地区人群痢疾流行。6月，衢州地区普降暴雨，引起痢疾病源扩散，传染至衢州各县。据调查，截至1948年末，衢州所属5个县就有42个乡镇、166个村庄先后发生了痢疾流行。

原衢县卫生院院长潘振钰回忆说：

1942年4月，国军与日军交战前，突然在衢县城区和附近地带的国军防区内的军民中发生痢疾等传染疾病……与此同时，驻衢国军86军16师军医处的军内情报说："获悉日军已派遣一批特务及汉奸携带赤痢等多种细菌到浙赣地区国军防区内的河、井、食物及茅厕中投放，同时，还派飞机到国军防区撒播细菌，目的是使中国军队和居民因发生传染病流行而失去抵抗力。"

我还记得大约在日军入侵衢县前的1个月，我亲眼看见日军飞机在衢县城区及附近农村盘转时撒播灰白色异物；也曾听说在国军防区内还抓到向水井里投放细菌、毒物的汉奸。据我分析判断，当年6月，日军入侵衢州后，因各地连降暴雨，到处洪水泛滥，导致痢疾等肠道病菌到处扩散，所以造成1943年后，衢州各县普遍发生痢疾等多种传染病的大流行。[1]

1941年3月设在衢县小西门龙王庙的临时隔离病院

由此看来，1942年以后，衢州地区流行痢疾等传染病，是由日军投放痢疾病菌造成的，而痢疾病菌将长期存在，继续危害人民身体健康。

---

[1] 邱明轩：《菌战与隐患》，第50页，香港天马出版有限公司，2004年。

三、金华细菌战

（一）鼠疫菌攻击

1940年11月，浙东地区遭受日军鼠疫菌攻击，宁波、衢县等地先后爆发鼠疫。浙江省卫生处处长陈万里一行于11月27日赴宁波、衢县视察鼠疫防治情形，途经金华，看见"敌机一架散布白色物品，且有白雾一缕随之，当请许县长搜集备检，并电呈在案。29日在衢得方岩本处电话，悉28日金华空袭时，又有敌机两架在南门外散布白烟，并有鱼子状颗粒落下，有人收集专送民众医院检查，见有革兰氏染色法阴性杆菌，而未能确切判断究系何种病原微生物，请派员至金鉴定等语"[1]。

陈万里等对于敌机在金华空掷物品检验结果作了说明，从形态学上讲，敌机空投的物品确系鼠疫杆菌，而培养没有成功，其原因是鼠疫杆菌对于光照、干燥、热力的抵抗力是很小的，鼠疫杆菌在短时间内即可死亡。从金华搜集、送检的空投物品仅是许多颗粒的一小部分，且未作消毒处理，也超过了检验时间，所以凡是培养没有成功的，多与细菌本身特性有关。但这一客观事实证明金华敌机所投颗粒是有鼠疫杆菌存在的。

（二）炭疽及其他细菌攻击

美国日军细菌战罪行调查委员会主席尹集均在《日军海军细菌战的追索》一文中称日军海军用细菌攻击了金华："在金华、云和、衢州一带的'烂脚病'区，不仅有炭疽病，还有牛疽病……其中，牛疽病并不是日军731部队研究的菌种，而是由100部队和海军军医学校防疫所等机构进行研究的。"

---

[1] 中央档案馆等：《细菌战与毒气战》，第251页，中华书局，1989年。

尹集均论证日本海军先于石井的远征队使用了细菌武器，而日军第13军不了解实际情况，冒进金华地区，给日军内部带来重大伤亡。也有另一种说法，据南京荣部1644部队九江分部的榛叶修证实：

1942年6~7月，在浙江省金华附近散布了霍乱菌、伤寒菌、赤痢菌。中国军队撤退速度快，日军不得不进入散布细菌的地方宿营，又因饮用附近的水，多数日本士兵感染，结果，杭州陆军医院住满了日军患者，死于医院者每天都有3~5人。8月，收容的患者达数千人。（参看《日军罪行证明书》）

据日军的资料，在这5个月里，日军受伤者为2767人，相比之下同一时期的患者11812人，特别多。而80%以上的患者集中出现于6月16日开始的第三期战斗以后。从这两个资料看来，日军从6月进攻时就开始撒布细菌。[1]

由此看来，日军地面部队进攻金华、衢县等地而自身受害的原因是多方面的，或误入疫区，或不得不进入疫区等，总之是自食其果。

对金华地区的疫病流行情况，许多专家学者作了调查研究。上海市委党校教授丁晓强、中国细菌战受害索赔原告团成员何必会撰文披露日军在浙赣细菌战中使用了炭疽菌。据调查，金华市婺城区上天师村1942年有300多居民，其中2/3的人得了烂脚病。金华城区内以及婺城区汤溪镇、白龙桥镇、乾西乡、东孝乡、雅畈镇等地都流行过烂脚病，雅宅村有600人，其中200多人患了炭疽病，上

---

[1]〔日〕森正孝论文：1995年在哈尔滨中日联合召开的"反对侵略 维护和平座谈会"。

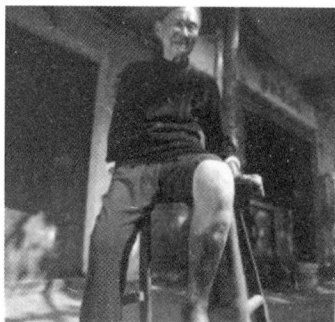

受害人汤香花　　　　受害人程崇文　　　　受害人王金耕

百人死亡。侵华日军细菌战金华研究会负责人、金华市婺城区疾病预防控制中心主任朱匡纪说，根据1999年调查金华县和婺城区的日军细菌战受害人汇总材料，因患炭疽死亡者为635人。

实际上，日军在金华地区实施了多种细菌攻击，造成金华一带多种传染病流行。金华市婺城区疾病预防控制中心主任朱匡纪介绍说：

（根据1999年调查金华县和婺城区的日军细菌战受害人汇总材料）金华县共有2431人在日军细菌战中惨死：炭疽，270人；鼠疫，928人；霍乱，494人；伤寒，568人；副伤寒，46人；痢疾，125人。在这之后，不断有人写信、打电话提供新的死亡者名单。当时日军是这样传播的：1940年11月，有日本飞机撒下白色物体，像白雾一样，一缕一缕飘过来。当时一个省卫生厅的人正好路过，他取样化验，结果发现是革兰氏阴性杆菌。[1]

综上所述，1940年、1942年，日军在浙江发动的两次细菌战

---

[1] 张启祥、许书宏：《揭开黑幕——2002·中国·常德·细菌战罪行国际学术研讨会论文集》，第360页，中国文史出版社，2003年。

都攻击了金华地区，日本人在金华空投和地面撒播了多种细菌，致使该地区发生了多种疫病流行。

四、义乌等地细菌战

（一）义乌细菌战

徐绍全在《试论日本侵略者在浙江的细菌战》一文中记载了义乌发生鼠疫的情形：

1941年10月2日至1942年5月间，城区北门等地爆发了鼠疫灾祸。据李楚狂报称：义乌城北于上年10月2日起发现死鼠，后即人染疫暴亡，经县卫生院检验"认为有鼠疫嫌疑"。后疫势蔓延到徐界岭一带，到12月底共计死亡118人，红十字会的"312队长刘宗歆感染鼠疫殉职"。1942年12月，又有两位防疫人员揭露：1941年10月义乌城北及其附近发生鼠疫。"截至本年事变时，共计染疫者173人，治愈35人，死亡138人。苏溪镇等疫区的20多间住宅全部被毁。"后来有人揭露说：1941年10月后，义乌县被传染鼠疫病的有308人，死亡257人。

徐绍全的论文中提到了义乌城区及苏溪镇等疫区发生的鼠疫情形，实际上义乌崇山村的鼠疫最为严重。1942年9月，日军第一次投放鼠疫菌，导致当地发生鼠疫并迅速蔓延，死亡人数达300余人。10月、11月，日军持续进行鼠疫实验、疫区防火等暴行，死亡人数持续增加。731部队和1644部队还在这里进行了人体实验。

日军细菌战义乌调查委员会秘书长王培根说，1942年10月、11月上半月，义乌的崇山村因疫病死亡404人，被烧毁420间房子，36户满门灭绝。1995年，他组织调查了义乌地区的47个村庄，发现这里因疫病死亡1155名。

（二）东阳疫情

自1941年11月底到翌年5月，巍山区等地曾发生鼠疫灾难。据李楚狂等人在1942年间指出：东阳巍山区上年11月25日起发生鼠疫，初于八担头一村，后蔓延巍山、歌山等许多村庄，截至事变时止，共计染疫者95人，死亡92人。并说此地系"从义乌感染鼠疫者逃回辗转传染"所致使。[1]

| 受害人兰会土 | 受害人李关炳 | 受害人郑焕清 |

（三）丽水疫情

丽水是日军细菌攻击的重点城镇之一，也是鼠疫疫区。当时认为浙江鼠疫的流行线有两条，一条是从丽水到温州，一条是从衢州经义乌到青远。方祥发当年是医生，他曾随防疫中队去过丽水等疫区。丽水地区也是炭疽病的重灾区，"据丽水市侵华日军细菌战调查会的统计，该市莲都区范围内在1942年至1944年，有38个村庄、165人发生炭疽感染，其中119人死亡。另外，根据该

---

[1] 徐绍全：《试论日本侵略者在浙江的细菌战》，第5~6页。

市松阳县的初步调查，该县西屏镇一村自1942年日军撤退后，有400多人感染炭疽病，100多人死亡；靖层包村也有近400人感染炭疽病，如包姓大院12户人家，31人染上炭疽，10人当时病死，余皆终生不治"[1]。

第三节　常德细菌战

1941年，德国进犯苏联，激起了日本军阀扩大战争的欲望。731部队也加紧扩大生产细菌量，准备对苏进行细菌战。按照针对苏联的关东军特别大演习（"关特演"）计划，731部队对军官和士兵进行专门训练，使他们通晓和善于使用细菌武器。与此同时，日军参谋总长发布命令，谋划再次对中国进行细菌攻击。被告川岛清供认了1941年准备细菌战的事实：

1941年夏季，苏德战争爆发后，有次我去见石井将军时，本部队两个部长村上中佐和大谷章大佐也在场，石井将军说必须加强队内工作，并对我们宣读了日军参谋总长的命令。命令要求我们加紧研究鼠疫菌，作为细菌战武器。该命令中特别指出，必须大量培养跳蚤作为散布鼠疫的媒介物。[2]

他还说，1941年6月，石井四郎从东京回来后，召集各部部长

---

[1] 丁晓强、何必会：《揭开黑幕——2002·中国·常德·细菌战罪行国际学术研讨会论文集》，第349页，中国文史出版社，2003年。

[2] 《前日本陆军军人因准备和使用细菌武器被控案审判材料》，第28页，外国文书籍出版局，1950年。

开会，说自己向日军参谋本部报告了731部队已研究好了用染有鼠疫的跳蚤作为细菌武器的方法，可以进行大规模的细菌战。石井四郎的汇报赢得了日军大本营的称赞，大本营指示731部队要特别注意改进并继续研究细菌作战武器。高桥隆笃也交代参谋本部作出了计划发动细菌战的指示。1941年9月，"关东军司令官梅津在司令部内一次部处长会议上通知说，帝国大本营参谋本部发来了一道命令，要关东军准备细菌战。梅津在这次会议上就命令731部队长石井开始大批培养传染病媒介物"[1]。

石井四郎接到大陆指后，命令各部扩大跳蚤产量，由过去3～4个月只能培育60千克跳蚤，提高到同一周期内培育200千克。至此，一个新的细菌攻击计划就炮制出来了。这场细菌战由日本陆军参谋本部决策，关东军司令部直接领导，731部队负责具体实施。细菌攻击的矛头指向中国军队占领的重要枢纽常德以及铁路交通干线。而针对苏联的细菌攻击只是纸上谈兵，换句话说，当时日军还不具备这个能力。

一、第二次远征

1941年，石井部队第二次远征。为什么要锁定常德进行细菌攻击呢？据当年参加常德鼠疫调查的叶天星教授说："常德是一个粮仓，是华中一带中国军队军粮以及四川大后方用粮的基地。如果用细菌战可以封锁这个粮仓，使老鼠随着运输的粮食，将鼠疫扩散开来，甚至扩散到四川大后方去，这对（日本来说）具有重大

---

[1]《前日本陆军军人因准备和使用细菌武器被控案审判材料》，第57页，外国文书籍出版局，1950年。

意义。"[1]

在伯力审判法庭国家公诉人演说词中有以下陈述：

石井部队不止一次派遣过远征队到中国内陆地区去对和平居民进行攻击。1941年夏季石井部队派出了第二支远征队到中国内陆地区去，领导人是该部队里一个部长大田大佐，这次远征队是专门去散播鼠疫流行病的。日军司令部给予该远征队的基本任务是要破坏中国军队的交通线，其重要枢纽是常德城，所以要在常德城居民中间引起鼠疫流行病。该远征队内曾有30个细菌学专家，全队人员总数达100人。

在远征队转回后，大田大佐曾向石井报告，当时有该部队总务部长即被告川岛列席。大田向石井报告说，该远征队在常德城及洞庭湖一带居民点上空，撒播过大量染有鼠疫的跳蚤。大田和石井都非常赞赏这次远征队的成绩，因为当时在常德一带的居民中间引起了强烈的鼠疫病。[2]

川岛清供述1941年间在常德城一带，使用过细菌武器去攻击中国军队。他说：

第一次（应为第二次）远征是在1941年夏季举行的。第二部部长大田大佐有次通知我说，他要到华中去，并且他当即与我告别。过后不久，他回来时又对我说，在华中洞庭湖附近的常德城一带，曾用飞机向中国人投放过鼠疫跳蚤。这样，据他所说，就算是

---

[1] 郭成周、廖应昌：《侵华日军细菌战纪实》，第351页，北京燕山出版社，1997年。

[2] 《前日本陆军军人因准备和使用细菌武器被控案审判材料》，第478页，外国文书籍出版局，1950年。

进行了一次细菌攻击。[1]

在川岛清的记忆中，731部队有四五十人参加了第二次远征，用飞机撒播了鼠疫跳蚤。

对常德的鼠疫菌攻击，南京荣字1644部队提供了帮助。据佐藤俊二供称："当我在1644部队供职时，我曾亲耳听到大田大佐及小野寺中佐1940年在宁波一带、1941年在常德一带、1942年在浙赣一带行动时，均使用过细菌武器。并且当时所使用的，都是从飞机上撒放的鼠疫跳蚤。"[2] 1644部队多次与远征队联合作战，这次对常德的细菌攻击，1644部队为远征队提供了相当数量的跳蚤，用以传播鼠疫。

据《井本日记》中的记载，对常德进行鼠疫攻击，也是根据大本营陆军部的指示实施的。11月4日，日军飞机在常德上空撒播了鼠疫菌。《井本日记》中有如下记述：

（11月4日）早晨，接到报告说目标方向天气良好，一架97轻型飞机（从南昌机场）起飞，〇五三〇（5点30分）出发，〇六五〇（6点50分）到位。雾大，降低高度搜索，因800米附近有云层，决定在1000米以下实施（增田少校驾机，菌箱一面开得不充分，菌箱投在洞庭湖上）。鼠疫跳蚤36千克，其后岛村参谋搜索。11月6日，常德附近开始中毒流行。（中略）11月20日前后，猛烈流行，

---

[1]《前日本陆军军人因准备和使用细菌武器被控案审判材料》，第269页，外国文书籍出版局，1950年。

[2]《前日本陆军军人因准备和使用细菌武器被控案审判材料》，第326页，外国文书籍出版局，1950年。

驾机向常德投撒鼠疫跳蚤的 731 部队航空班班长增田美保

据各战区收集的卫生资料判断，"如果命中，发病应该属实"。[1]

日军飞机空袭常德，中国军政当局均作了反应。重庆卫戍总司令部密令："据报敌机一架在常德附近投掷布、帛、豆、麦等物，乡民有拾者当即中毒。"当地军警搜集散下物，除留下一部分送检外，其余的一并焚毁。这些东西有数百斤，为附着有鼠菌跳蚤的谷子、麦子等物。当地的医务人员及居民想到去年宁波、衢县的鼠疫是日本飞机投掷异物引发的，都存惧心。凡捡到的谷麦等异物，均被集中予以销毁。虽然如此，常德地区还是爆发了鼠疫。

敌机在空袭常德后，又在常德城东北30千米处的石公桥镇撒播了鼠疫跳蚤。据当地一些亲历者说：

1941年11月4日的一天早晨，日本一架飞机从天上飞过，撒下一些东西打在屋瓦上，发出像撒沙子的响声，是一些谷米、麦粒、豆子、棉絮和破布等，街上、屋顶、院内、码头、船上、田里到处都有。[2]

另据《常德县志》记载，日本飞机还在石公桥南面5千米的镇德桥也投掷了鼠疫跳蚤。据日军进行细菌攻击的意图来看，他们不仅要破坏重要枢纽常德城，还要破坏粮仓，借以传播鼠疫。

二、鼠疫流行

1941年11月4日，731部队航空班的军用飞机空掷鼠疫细菌，

---

[1]〔日〕吉见义明论文：1995年在哈尔滨由中日联合召开的"反对侵略 维护和平座谈会"。
[2]杨万柱、童远忠：《揭开黑幕——2002·中国·常德·细菌战罪行国际学术研讨会论文集》，第315页，中国文史出版社，2003年。

1941年11月11日至1942年1月13日，常德地区发生第一次鼠疫流行。常德周边乡村亦遭鼠疫侵袭，在与石公桥有经济往来的几个镇、数十个村庄以及洞庭湖水域的渔民之间，发生了鼠疫流行。因鼠疫流行，死亡人口达1/3、1/4的村有若干个，半数以上甚至全部村民死亡的村子也有。

由于鼠疫患者隐瞒不报等原因，导致鼠疫扩散。德山乡枫树岗村当时有650余口人，因鼠疫死亡187人。其间，经伯力士等专家检验，鼠疫只是在人与人之间传播，尚为发现传染鼠族。1942年1月30日后，染疫鼠类日渐增多，染疫鼠死亡率4月份高达44.4%。

据容启荣报告，1942年3月24日起，常德城又开始出现鼠疫病人，最后染疫者系7月1日发病，总共发病31例(另有人说34例)，其中29人死亡。到9月末，无新病例，第二次鼠疫流行告一段落。

1942年11月7~23日，常德新德乡石公桥、广德乡镇德桥发现鼠疫，死亡36人。11月19日前，广德乡镇德桥死亡7人，因未得到证实，未作统计。当时，张春国家死了5人，伯力士来石公桥调查，恰遇张春国的儿子张伯君死亡，经解剖尸体，初步断定是鼠疫病菌传染所致。丁长发全家12口人就死了11人，包括3个雇工，除丁旭章在外读书幸免外，其余人都相继死去。

据常德市党史办调查，石公桥疫病暴发后，其南邻镇德桥也出现鼠疫，全村因疫病死亡30多人。北邻向家屋场村有90多人，其中因鼠疫死亡32人。东北方向的牛古陂村，因疫病死亡50人以上。

根据历史资料分析，常德鼠疫流行时间为1941年11月至1942年末，疫区为常德县城、桃源莫林乡、新德乡石公桥、广德乡镇公桥，患鼠疫死亡者94人，其中常德42人、桃源16人、石公桥和镇

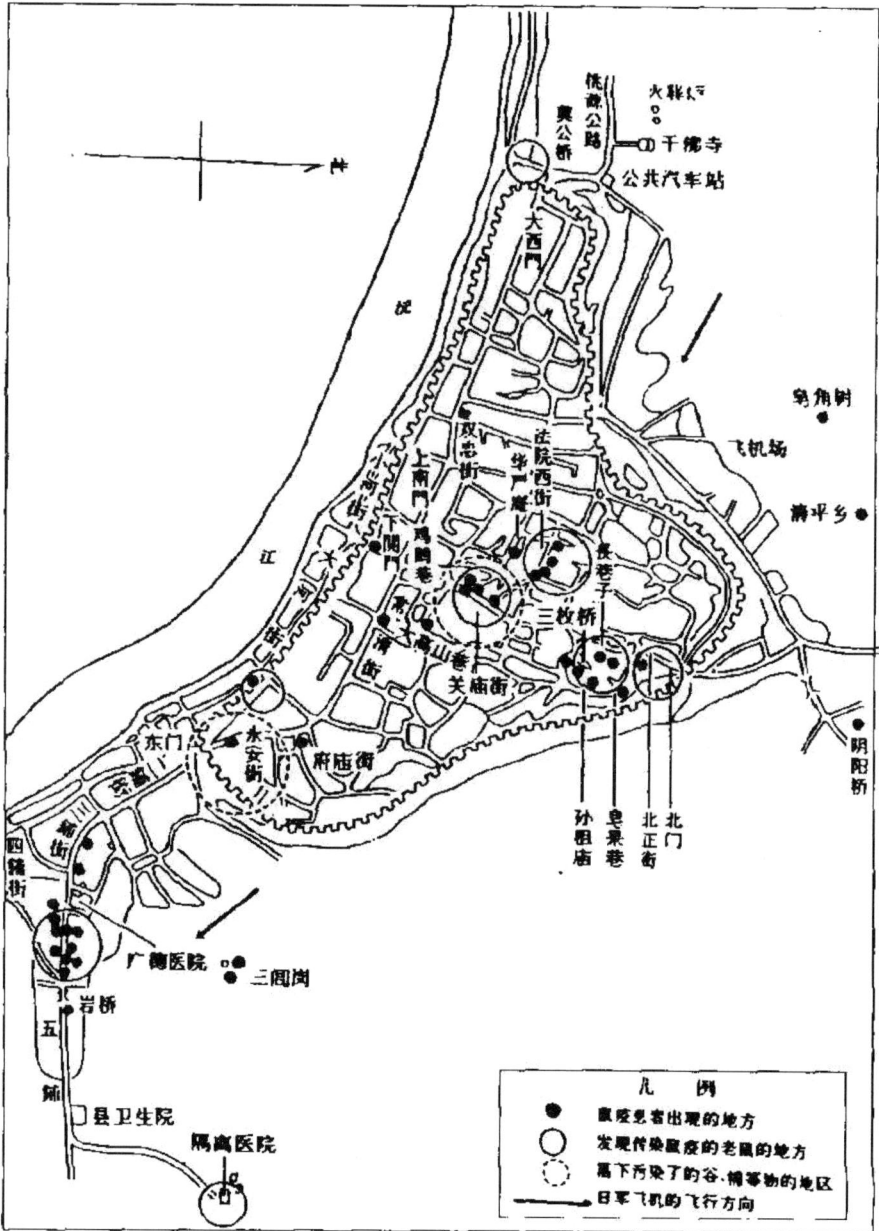

常德市鼠疫流行关系图（1941~1942年）

德桥36人。但这只是防疫部门掌握的死亡数据，实际死亡人数远比这多得多。

常德鼠疫流行初期，送隔离医院诊治的人很少，当地居民担心被隔离和死后火化，往往隐瞒不报，私自埋葬。再加上有流动人员辗转往来，造成疫病传染，也无人报官。由于当时是战争年代，疫情情报网不健全，大量的死亡人数根本就没有统计上来。

常德鼠疫死亡人数远不止历史资料和回忆文章留下的数据，据调查，常德鼠疫流行不是两次，而是5次，在鼠疫发生后的1941年至1942年间，鼠疫流行几乎没有间断。

另据调查，日军对常德的细菌攻击，不只使用了鼠疫菌，还使用了霍乱、炭疽等细菌，这方面的受害情况正在进一步调查中。日军实施细菌战，带给常德的灾害面会越来越多地浮现在世人面前。

第四节　鲁西细菌战

日军在山东境内实施过多次细菌攻击。1938年，日军曾在山东省境内铁路、公路沿线撒播过霍乱细菌、伤寒细菌，致使疫病流行，在8月1个月中就死了四五万人。崔维志、唐秀娥撰文说：

1941年，日本驻济南领事馆命令在济南的日本人打防疫针，吃水由1875部队供给。结果没过多久，济南车站、王官庄、东昌等地就发生了霍乱，大批居民死去。王官庄的细菌传播是用狗进行的。日军把放上病菌的馒头、猪肉让狗吃后，再传染到人群中去。

日军还强行给济南火车站的乘客注射"防疫针"（实际上注射的是伤寒菌），否则不准上车，结果旅客走到哪里，细菌就散布到哪里。

1942年3月，日军还在山东施放了带有鼠疫的老鼠，造成鼠疫流行。

鲁西北平原是当时著名的抗日根据地，是民族英雄范筑先和中共鲁西北地方党共同创立的。1941年以来，日军回师华北，在鲁西北推行"治安强化运动"，疯狂地在鲁西北"扫荡"，致使聊城、堂邑、冠县、莘县成为"无人区"。共产党领导的抗日军民英勇斗争，扭转了被动局面。在这种形势下，为了大量杀害中国抗日军民，摧毁鲁西北抗日根据地，并检验霍乱菌的效力，日军于1943年8月实施了鲁西细菌战。这次细菌战是侵华日军进行的大规模的细菌战之一，死亡人数巨大。鲁西北大平原上的聊城、茌平、博平、清平、高唐、夏津、武城、临清、丘县、馆陶、冠县、堂邑、莘县、阳谷、朝城、寿张、范县、观城以及大名、曲周、威县、清河等县爆发霍乱，自8月下旬至10月下旬，该地区有20余万人死于霍乱。

一、霍乱菌攻击

（一）细菌生产

山东有两支细菌部队，分别是1875部队和2350部队，他们制造了大量的伤寒、霍乱等细菌。据竹内丰的笔供：

自1943年8月1日至31日止，（我）被调到北支那防疫给水部济南支部从事制造作战用的恶疫生菌工作……（这期间，）用了

11名八路军俘虏进行伤寒菌的培养，制造了16桶半细菌战用的伤寒生菌，于1943年8月上旬末、中旬末、下旬末共连续3次由冈田支部长和木村主任交给北支那方面军军医部的军官用汽车运走……在陇海线以南地区特别是京汉线沿线一带，出现了伤寒病患者。[1]

日军在山东境内实施过多种细菌进行攻击，杀害中国军民。

2350细菌部队也具备大量生产细菌的能力。第59师团防疫给水班卫生曹长林茂美供认：

我们培养的细菌主要是霍乱菌、伤寒菌、赤痢菌、结核菌等，有时还培养流行性脑膜炎菌……我在防疫给水班时，共培养90支玻璃管的细菌，计霍乱菌30管、结核菌10管、赤痢菌10管、伤寒菌30管，另外还培养了脑膜炎菌5管、流行时疹菌5管……这些原菌是从山东济南同仁会拿来的。[2]

以霍乱菌为例，每一玻璃管细菌能杀害100人左右，而造成疫病流行后，细菌的传染性和杀伤力相当大。

由以上材料可以看出，山东各细菌部队生产、准备了大量细菌，用以进行细菌战。

（二）人体实验与解剖

山东各细菌部队为了实验细菌战用的各类细菌的传染性，经常用八路军俘虏做实验。日军或把细菌混入食物中，让俘虏吃；或进

---

[1] 中央档案馆等：《细菌战与毒气战》，第226页，中华书局，1989年。
[2] 中央档案馆等：《细菌战与毒气战》，第311页，中华书局，1989年。

行皮下注射，使俘虏感染细菌、染上疫病，然后再进行活体解剖。据竹内丰笔供，1875部队曾多次用八路军俘虏进行细菌实验，活体解剖多人。2350部队也用人体进行细菌实验，林茂美说：

> 1942年2月，山东省泰安县发生天花，当时给水班派了3个人去，给两名患天花的妇女注射了伤寒菌，两天以后这两名妇女都死了。[1]

曾在1875部队当翻译的韩国人崔亨振，1989年在韩国《中央日报》撰文揭露日军进行活体实验的罪行，该报7月21日以《日军在中国的第二支细菌部队》为题作了报道。文章大意是：北支那防疫给水部济南支部是进行人体实验的部队。它曾将各种细菌注射到中国俘虏身上，然后观察其发病过程。有1000多名中国俘虏和韩国流浪民被当成"实验材料"而死在这支部队里。

崔亨振揭露：

> （日军）军官给俘虏们注射了鼠疫菌。被注射过鼠疫菌的俘虏，其中有10个人经过一场寒战和高烧的痛苦就死亡了。

这支部队有细菌研究组、培养组和人体实验组，因他们都穿白大褂，所以被人们称为"白大褂部队"。日本军医实验对象不足时，就到附近村庄随便抓来中国大人和孩子进行实验。崔亨振目睹过日本军医给10个俘虏注射天花病菌，然后观察临床反应。这些俘虏因实验致死后，尸体被火化。研制伤寒疫苗时，日军则强制俘虏们吃含有病菌的饭团子。日军军医还对离部队8千米的1个村子里的50多户共300多名村民，进行了霍乱病菌的人体实验。他们把沾有

---

[1] 中央档案馆等：《细菌战与毒气战》，第312页，中华书局，1989年。

霍乱菌的猪肉等狗食撒在村子里，在经过15天左右因霍乱死了20个人后，就宣布这个村子为传染病发生地区，然后观察防疫和治疗过程。这支部队平均每3个月进行1次人体实验，每次要用100多个俘虏，1年杀死400多人。崔亨振说，他在这个部队任翻译期间，死亡的俘虏有1000多人。[1]

日军用人体进行实验，目的是检验细菌的效力，以进行细菌战。

（三）细菌战前准备

鲁西细菌战的目的是大量杀戮中国人民，摧毁鲁西抗日根据地；检验日军在疫病区作战的防疫力和耐久力；检验霍乱菌的杀伤力，以便准备在对苏作战时使用。这次细菌战"之所以选定在鲁西北，除了这里的战略位置重要之外，首先是因为过境的卫河河床高于地面，汛期河水泛滥，决堤放水，能利用洪水迅速传播细菌；其次是以水代兵，水淹冀鲁豫边区和冀南根据地，把八路军和农民一举消灭掉"[2]。而且，决堤把水放到地势低洼的左岸，既水淹了边区根据地，又保护了日军控制的津浦铁路线和德州日军军事基地。

这次作战代号为"方面军第12军十八秋鲁西作战"（十八秋作战）。1943年为日本昭和18年，故称十八秋。"为了配合十八秋作战，第12军调集3万兵力，对冀鲁豫边区各根据地进行'大扫荡'。（日军企图）首先分区合围湖西、鲁西南、运东、沙区，然后由外围向中心压缩，集中兵力合围濮范观中心区，将冀鲁豫边区党政领导机关和主力聚而歼之，最后再分兵'扫荡'外围，

---

[1] 崔维志、唐秀娥《揭开黑幕——2002·中国·常德·细菌战罪行国际学术研讨会论文集》，第223页，中国文史出版社，2003年。

[2] 崔维志、唐秀娥《揭开黑幕——2002·中国·常德·细菌战罪行国际学术研讨会论文集》，第228页，中国文史出版社，2003年。

寻歼外线的八路军。"[1]

1943年8月，卫河流域普降大雨，卫河河水猛涨，河水高出地面，十分惊险。日军华北方面军司令官冈村宁次、731部队长石井四郎等亲自部署，第59师团团长细川忠康现场指挥，在卫河流域及鲁西北各县撒播了大量的霍乱菌。这次霍乱战，我们从日军参战人员的供词及回忆录中得到了具体的资料，现叙述如下：

林茂美供认：

第59师团防疫给水班，于1943年8月至9月间，在山东省馆陶、南馆陶、临清等地散布过一次霍乱菌。当时散布在卫河，再把河堤决开，使水流入各地，以便疫病迅速蔓延。我参与了这次散布。细菌是由我交给第44大队军医中尉柿添忍，他再派人散布的。散布细菌以后，仅我们所在地区我所知道的，就有25291名和平居民死亡。总的伤亡数字我不知道，因为当时这是非常秘密的。

随即，第59师团长细川忠康命令独立步兵第44大队长、中佐广濑利善决堤放水。独立步兵第44大队少尉小岛隆男等7人奉命在距临清县500米一座桥的50米上游处，将卫河决口，将河水放入临清县西北一带，致使10万余人受害。[2]

第53旅团情报主任难波博参与了卫河决堤破坏行动，他选择在馆陶至临清中间卫河的弯曲处决堤放水，结果使馆陶北部的曲周县、丘县、临清县、威县、清河县等地遭灾，受害居民达45万人，因水淹和霍乱病流行致死2200多人。难波博也供认了在临清县大

---

[1] 中央档案馆等:《细菌战与毒气战》，第312页，中华书局，1989年。
[2] 中央档案馆等:《细菌战与毒气战》，第312页，中华书局，1989年。

桥附近的卫河堤放水的经过。他说，河堤决溃，致使受灾面积达到960平方千米，受害居民70多万人，死亡3万多人。

矢崎贤三笔供：

1943年8月下旬至9月中旬，广濑利善命令驻馆陶县的第3中队长福田武志在南馆陶以北约5千米处决堤，又命令驻馆陶县的第2中队长蓬尾又一在临清县尖冢镇附近的卫河北岸决堤。同时，驻临清县的第5中队和机关枪中队各派1个小队，出动兵力60人，由大队长广濑利善亲自指挥，命令第5中队长中村隆次、机枪中队长久保川助作和小队长小岛隆男等7人决堤，其余人担任警戒。他们在临清县大桥附近的卫河堤掘开宽50厘米，深50厘米，长5米的决口。洪水直泻而下，冲毁堤坝150余米。附近村屯的不少村民来不及逃跑，丧生洪水之中；驻武城县二十里铺的日军一个分遣队躲闪不及，也全部被淹死。9.6万顷良田被毁，6000多个房间倒塌，死于洪水和霍乱传播的居民达32300人以上。

大石熊二郎笔供：

8月29日，第3中队长福田武志率领第1小队长岩田河夫等30人在南馆陶以北约5千米的拐弯处掘开4米的口子放水，淹没了南馆陶方向长16千米、宽4千米的农田、村庄，有4.8万军民遭灾罹病，死亡4500多人。

小岛隆男供认：

1943年9月中旬，大队长广濑利善指挥士兵50多人，命令中村隆次、久保川助作等7人前往临清县小焦家庄附近决堤放水，另外40多名士兵担任警戒。日军驱赶前来反抗决堤的群众，决堤放水，冲毁堤坝150多米，造成卫河流域的临清、馆陶、丘县、武城等县发生严重水灾，受灾67万余人，死亡3万多人。紧接着，小岛隆男率部下25人，在山东省临清、馆陶、堂邑等地进行霍乱作战，攻击村庄，迫使患霍乱的病人四处奔逃，引起霍乱病扩散。后来，因日军内部发现霍乱患者，这项行动才停止。

菊地近次供认：

广濑利善指挥本部军官以下10名、第5中队长以下20名、机枪中队长以下20名将临清县城附近、临清县尖冢镇及南馆陶附近的卫河堤掘开，使100多万人遭灾。

1954年9月14日，临清镇农民焦凤梧控诉说：

1943年8月27日，有七八十个鬼子，在一个日本军官的指挥下，将卫河西岸的小焦家庄村东的卫河堤岸掘开了，造成临清镇、临清县、清河县一带空前的大水灾，数百万亩良田变成了一望无际的水库，给人民造成了严重的灾难，仅临清镇河西四个街就有5000亩良田被淹没、700多间房子被冲倒。

临清县隋五里庄农民李兰回忆，在1943年8月27日，七八十个鬼子掘开了小焦家庄村东的卫河堤岸，致使河水淹没了临清镇、临清县、清河县北至天津的大片土地，仅临清县西部就有130个村庄的10多万亩良田被淹，新庄、齐店、隋五里庄、胜庄等600多户的房子被冲毁，15个人被淹死，庄稼颗粒无收。

1943年10月12日，八路军参谋长滕代远在致罗荣桓、黎玉、贺龙等人的电文中说："冀南酉江报，卫河、滹沱河、滏阳河决口，馆陶以西2/5耕地被淹，磁县滨河邯郸地区及下流曲周、永年、鸡泽全部水淹，秋收无望，种麦亦不可能。另报，二分区申号前滏阳沿河以东，任县、巨鹿全被淹没。"

日军第59师团第54旅团少将旅团长长岛勤笔供：1943年9～10月，他参加了第12军策划的鲁西作战。他将第111大队配属于第12军，将第109、第110、第45各大队配属于第53旅团参加作战。这支部队参与了撒播细菌及调查霍乱病行动，也参加了秋季大"扫荡"行动，杀害抗日军民70多人，掠夺粮食600余吨。

根据日本战犯供词和当地村民的控诉材料分析，1943年8～10月，日军发动了十八秋作战，在第59师团长细川忠康的指挥下，日军在临清县小焦家庄、临清县尖冢镇、南馆陶以北5千米的拐弯处等3个地方先后挖掘卫河堤放水，并往河里散布了大量的霍乱菌，借助洪水传播霍乱菌，致使鲁西地区聊城等18个县爆发霍乱，根据地军民有20多万人死于霍乱。

战后，曾参加过十八秋作战的日军卫生兵金井、三木、坂尾回忆：

十八秋作战是日军第12军第59师团和北支甲第1855部队联合，于1943年9～10月在山东西部进行的一次霍乱作战，殃及临清、馆陶等18个县，有20万人丧生。

日军第59师团发动十八秋作战，在鲁西地区撒播了大量的霍乱菌，致使鲁西地区霍乱流行。为加速霍乱蔓延，日军再次进行大

"扫荡"。参加十八秋作战和秋季大"扫荡"的日军"既有配合，又有侧重。前者重在'讨伐'八路军和少数抗日的国民党地方武装，攻击居民村落，迫使霍乱病人四处逃难，进一步扩散细菌，更多地杀害中国人民；调查中国人民因霍乱菌死伤情况，或者自身'抵制试验'；抢掠粮食、棉花及其他物资。后者主要是合击、围歼八路军有生力量，破坏根据地，同时抢掠秋粮"。[1]

日军独立步兵第44大队长广濑利善率领500人对临清、馆陶、堂邑等县发起进攻。在梁水镇打死国民党官兵50人。第44大队步兵炮中队联队炮小队长矢崎贤三率领35人，攻击堂邑县某村一支百余人的国民党队伍，杀死12人。他们每天行军16~20千米，袭击村庄，迫使霍乱病人逃难，混入健康人群，从而使霍乱进一步扩散。

二、霍乱病流行

鲁西群众仅知道当地历史上曾发生过霍乱，但不知道这次是日军实施的细菌战，因此，这一事实曾被隐瞒下来。日军细菌战犯川岛清等人被俘后，交代了他们在山东实施细菌战的罪行。根据日军战犯的供词，我们可以看出当年鲁西霍乱流行的严重情形。

日军撒播细菌后，将卫河决口，驱赶染疫患者四处逃散，使鲁西霍乱迅速蔓延开来，患者上吐下泻，严重脱水，相互传染，得不到任何治疗，大部分染疫者不幸死去。

1943年9月20日前后，奉细川忠康的命令，林茂美带领防疫给水班的3名卫生兵和另一小队赴最早发现霍乱患者的南馆陶及其

---

[1] 崔维志、唐秀娥：《揭开黑幕——2002·中国·常德·细菌战罪行国际学术研讨会论文集》，第233页，中国文史出版社，2003年。

附近调查中国居民的情况。他们侵入10户农民家，发现有20名男女感染了霍乱病。这些患者完全呈现霍乱症状。他们对疑似霍乱患者进行直接采便，并从呕吐物中取出10件可检物，带回临清驻地，经黑川班检验，结果全部为霍乱阳性菌。在临清县，林茂美调查了20户中国居民，发现了30名男女霍乱患者。这些患者排出米汤样的粪便，剧烈呕吐，身体极度衰弱，骨瘦如柴，十分痛苦。这些人无钱医治，必将全部死亡。

日军独立步兵第44大队发动霍乱作战，他们侵入堂邑县梁水镇。小岛隆男目睹40个中国人死于霍乱，他的部下在沿途看见40多名患者和60多具尸体。宫本升看见一个30多岁的男性中国人患霍乱死去，他在高村驻地还看见5个伪军患霍乱死去。矢崎贤三在临清附近听说，村子里有30多人感染了霍乱。日军在冠县、堂邑、聊城行动时，第44大队队部军医柿添中尉调查中国居民染疫情况，他说："这一带无论哪个村子都在流行霍乱，连宿营的地方都找不到。"他在南馆陶给100个居民验便，结果全部是阳性。

1943年9月25日至10月7日，第59师团特别训练队医务室伍长、防疫本部联络人下士官片桐济三郎奉师团军医部长的命令，将发现霍乱患者计丘县700名、馆陶1000名、南馆陶3名用紧急电报报告给师团参谋长江田稔大佐，促使其准备下一步作战时扩大使用细菌。相川松司说，在山东省东昌县、临清县，第59师团进行了细菌战，在村庄里到处可见居民的尸体和病人。当时，几乎每个村庄都有霍乱患者，每天都有患者死亡。

矢崎贤三供认，从1943年8月下旬至10月下旬，日军先后对鲁西地区进行了3次攻击，到处散布霍乱菌。鲁西一带（临清县、丘县、馆陶县、冠县、堂邑县、莘县、朝城县、范县、观城县、濮县、寿张县、阳谷县、聊城县、茌平县、博平县、清平县、夏津县、高唐县）有20万以上的中国人民被霍乱病菌所杀害。

因日军有不少人感染了霍乱，日军也达到了作战目的，于是，10月24日，冈村宁次、石井四郎下达了停止十八秋作战和第12军秋季大"扫荡"的命令。

第五章

中国劳工

第一节　强征劳工

1936~1939年，石井部队在平房地区大规模地营建建筑，盖厂房、宿舍、监狱、飞机场，强征了1000多名中国劳工。北洼地、正黄旗五屯南门外和黄家窝堡屯搭起数十栋劳工棚。在忙的时候，日本人从附近村屯强迫农民出工出车搞建筑，当地村里的头面人物当工头，负责招工。平房特区有40多个村屯，每天出动500多名劳工和100多辆马车，每人每天8角钱，每辆车每天4元钱，工头抽取10%的工钱。

平房地区主要建筑工程竣工、投入使用后，外地劳工大量逃跑，但仍有不少人被殴打或充当"实验材料"而死亡。此时，731部队细菌工厂投入生产，附属工程也需要人力建筑。雇佣当地劳工不仅费用高，而且远远满足不了需要。因此，石井部队决定通过日伪当局从东北各地强征劳工，使用廉价劳工。每年731部队提出需用劳工的计划，由伪满洲国劳动部给各省下达招工指标。各省按计划强征劳工，并负责把劳工押送到731部队。日伪当局把哈尔滨、阿城、双城以及平房特别军事区域作为征集劳工的重点，规定这些地区承担为731部队提供劳工的义务。这项工作由伪哈尔滨市公署动员科下达指标，各地区事务所负责招工。731部队劳务班、石井班、动力班、工务班、八木班、建设班、仓库班、运输班共需要劳工1000多人。

平房地区事务所为配合731部队的招工工作，做出了特殊规定：

（一）正黄旗四屯、正黄旗三屯、正黄旗二屯等较大的村屯，每村每天出劳工80名、马车10辆；新发屯、新王屯、瓦盆窑以及特区之外的大乔屯，每村每天出劳工40名、马车5辆。除特殊情况，各村屯必须保证按规定出劳工和车辆。

（二）凡是16～60岁的男性劳动力都必须承担这个专项劳务义务。即使"国兵漏"（指当时未被征召入伍的男性。日本征兵有一定条件和范围，未在征兵范围内可免服兵役的男性，被视为"国兵漏"）在勤劳奉仕之前或期满后也不例外。如果实在有困难，经过批准可由男性少年代替。

（三）平房特区的每一个男性劳动力，每年必须服劳役4个月；特区之外征集的劳工服役期限，根据实际情况分别定为6个月、1年或几年。

731部队强征劳工，给不少家庭带来灾难。劳工张朝清回忆：

我是平房特区正黄旗四屯分区三家子屯的老户。记得1938年迁屯撵户以后，731部队通过"把头"向附近各村屯招雇劳工。当时当劳工是自愿的。我也去干了一些日子。我在731部队里看见过近千名外地劳工，他们都是招工来的。到了1940年，情况就不同了，外地的劳工都是强征来的。平房特区事务所也做了新规定：附近村屯每个男劳动力每年必须到731部队服劳役4个月。如果不去，轻则挨打，重则就出劳工到外地煤矿、铁矿去。我从这一年开始，每年去731部队服劳役4个月。

当时，平房地区有1500多个男劳动力，常年在731部队当劳工的就有600余人。

1944年夏天，731部队扩大细菌生产，需要增加1000名劳工。这些指标下达给锦州和海城地区。锦州、海城两地的日伪当局感到招劳工困难，他们用先前锦州和海城送去兴安北省乌诺尔挖山洞的1800名劳工顶替，让731部队派人去乌诺尔领取。731部队派工藤带着4个日本宪兵和劳工大队长王庆久、翻译李初亭去押解。这批劳工在乌诺尔干活，天气寒冷，劳动繁重，待遇低下，服劳役期间不少人冻饿而死，731部队去押解时仅剩800余人。

不少劳工是被骗招到731部队当劳工的。东北轻合金加工厂的退休工人赵殿启回忆，1936年春，他和两个同乡从河北省献县逃荒到锦州，流浪1个多月，找不着活干。一天，有个"把头"说，哈尔滨要建工厂，招建筑工，那里吃大米、白面，工钱高。赵殿启等100多人报了名。他们从锦州站上了一辆闷罐车，车厢上了锁。在火车上每个人发了3个高粱米面、苞米面、橡子面混合的窝窝头。乘火车走了一天两夜，又步行7里多地，他们来到一个用刺网围着的大院，阴森恐怖。这里就是731部队平房驻地。

第二天早晨，一个日本人训话，李初亭当翻译，意思是让大家为日军效力，偷懒不给工钱，逃跑枪毙。吃完早饭后，赵殿启他们来到建筑工地，他和两个同乡做力工，搬石头、倒砖、筛沙子。一日三餐都是窝窝头、土豆白菜汤，而且不定量，根本吃不饱。工地有日本监工，动辄打骂劳工。按规定每天工资8角，"把头"抽去20%，再扣除伙食费，每人只能挣3角钱。这3角钱不发给劳工，而是存在柜上。平时，劳工换季、看病都没有钱。工地上经常有劳工莫名其妙地失踪，有的劳工被当场打死。赵殿启预感到劳工的悲惨命运，与两个老乡相约逃跑。那年秋季的一天深夜，他们借上厕所的机会，钻出北边的铁丝网。日本岗哨发现后，开枪射击。他们迅速逃进苞米地，拐进西边的正红旗五屯，辗转逃到双城县，脱离了险境。[1]

第二节　劳务班和劳工大队

731部队设劳务班，隶属总务部，由日本退伍军人组成。关冈是代理班长，后来由工藤与四郎担任班长。关冈还是带班主任，真田、木田负责劳工调配，青木管理财务，西尾办理劳工证件，菊池管理日本人，加藤、安寿等日本雇员是日本监工。731部队劳务班班员属于宪兵室的特工人员。

劳工大队在日本人控制下，负责管理劳工工作，下设中队、小队。劳工组织随着劳工人数的增减而变化。当地劳工回忆，劳工中队的劳工大多数是附近村屯的农民，外地劳工仅编制了1个中队。根据有关材料分析，731部队从平房以外地区，招收了大批劳工，这些劳工集中居住在正黄旗五屯的劳工村里。当地和外地劳工

劳工袖标（该袖标根据劳工口述复制）

---

[1] 韩晓、辛培林：《日本七三一部队罪恶史》，第54页，黑龙江人民出版社，1991年。

加起来最少时有1000人左右，平时保持在2000人左右，最多曾达到3000多人。在外地劳工增加时，当地劳工到731部队上班是通勤的，也就是说，在劳工村里居住的大多数是外地劳工。外地劳工中有不少人从事秘密工程的建筑，这部分人大多数没有生还的希望，其中一部分人被731部队当作"实验材料"，死在监狱里。

笔者认为他们所回忆的主要是731部队对平房一带劳工的管理情况，而对外地劳工的管理还不够清楚。该部队对锦州、海城、大石桥、赤峰、黑山、海伦、佳木斯、牡丹江、阿城等地的劳工管理，比对平房地区劳工的管理更为严格。外地劳工单独编队，不准与本地劳工接触，不准离开731部队驻地，上下班由日本士兵武装押送，食宿起居都受到日本士兵的监视。

第三节　劳工生产

在731部队的劳工主要从事建筑、维修、养殖、种植、缝纫、烹饪、锅炉以及各种杂活。生产环境恶劣，工作繁重。他们在吃不饱、穿不暖、被迫干重活的情况下，稍有不慎，或生病无力时，就会遭受日本监工的毒打。731部队附近的当地劳工虽说挨打，但还能坚持下去，外地劳工则遭受着非人的待遇，他们在731部队或病死、或累死、或被打死、或被当作"实验材料"、或被抽去修筑秘密工程而遭灭口，这些外地劳工除少数逃跑的外，绝大多数都死在了731部队。

劳工陈芳新回忆说，1938年，当时731部队的房子还没有盖完，他赶着马车往工地运猫爪石，看到近百号人挖地沟，他认识里面家住正黄旗二屯的邵长海。邵长海家境贫寒，每天都吃不饱。整日挖地沟，累得他直不起腰来。一天，邵长海连累带饿，浑身冒虚汗，他实在干不动了，停下来用袖头抹汗。日本监工贞田硬说他偷懒，不由分说，扇他的耳光，还放开狼狗撕咬他，咬得他遍体鳞伤。

曾在动力班锅炉房烧锅炉的金国忠回忆说：

动力班负责给营区内供热、供电、供水。这里有3台锅炉，每天启动两台，一昼夜耗掉150吨煤。锅炉房总共20来个人，实行两班倒。从运煤到倒运炉灰，实在是干不过来。平时3个人推一台轱辘马子，还有点儿吃力，日本人非让两个人推一台，这样一来，人吃不消，有的劳工就累病了。劳工小队长董万玉就把机械保养工方永和、清扫工老车头抽出来打替班。凑足了10个人烧锅炉、倒煤渣，还是供不足气。总务部管理课打电话把日本监工骂了一顿，日本监工就打骂我们。日本人不给增加人，我们只好在日本人在时就拼命干，不在时就磨蹭起来。一天晚上，方永和头痛。我就让他干

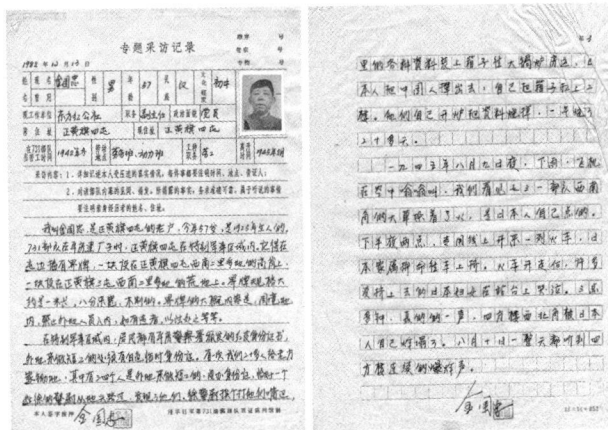

劳工金国忠证言

我的活——往炉灰渣上浇水，我替他推轱辘马子。当他准备打开灰斗清理灰渣时，发现灰渣冻成一块，漏不下去。尽管我都忙用凿子凿，可是方永和还是累得晕倒在地。我们想把他送回家，日本人硬是不让。方永和实在挺不住了，我通过在场的劳工中队长朱有礼向贞田说情，我们才把方永和送回家，没过多少日子，方永和就病死了。我们动力班的劳工就更累了。

新五屯的裴文胜回忆说，一年冬天，他被日本人抽去东乡宿舍烧锅炉。他不识字，拿着日本人开的条子去了动力班。到了动力班，日本监工一看条子，劈头就是一顿打，还逼他跪着在露天地里冻了一个钟头，腿脚都冻麻木了。后来朱有礼说情，才饶了他。他跑到东乡事务所报到时，日本人嫌他迟到了，又把他打了一顿。幸亏他们着急让裴文胜运煤，才算饶了他。

鞠兴信是正黄旗三屯的人。1940年秋季，他被抽调到731部队东乡村事务所当杂工，清理垃圾。他经常接触外地劳工，得知外地劳工更累更苦。他说，外地劳工冬季没有衣服穿，趁日本人不在时用水泥袋子防寒。他们冬天搬运石头，夏天挖地沟，活计很重。因为吃不饱，他们个个骨瘦如柴。他们饿得经常到东乡村宿舍的垃圾箱里捡东西吃。对那些体弱干不动活的人，日本监工动辄拳打脚踢，还放狼狗撕咬。他们带病干活，不少人被折磨死。有时，一天死好几个人。死后都埋在劳工坟了。鞠兴信说，现在到劳工坟，只要挖一尺来深，就能看见劳工们的骨头。

正黄旗四屯的劳工王应魁在731部队高等官宿舍当了3年仆役。别人认为他干的是好差事，其实不然。他们被日本人称作苦力，经常挨打。有一次，他忘了给日本军官问好，就被痛打了一顿。

张朝清说，有一次，他们几个劳工在干活时小声嘀咕了几句，日本监工起了疑心，凶狠地命令他们几个互相打"协和嘴巴"。让劳工互相打，这是日本监工惩治中国劳工的常用手段。

正黄旗三屯的劳工付世英在731部队酒保班做杂工。有一天，日本人命令他赶马车到731部队铁路专用线拉货。马车走到铁道口时，马套断了。他修理马套时，看见一个劳工，拿着一个像打气筒似的东西往外压黄油，他没见过这种东西，好奇地多看了几眼，就挨了一顿打。还有个赶马车的老张头，日本人让他去四方楼拉东西。到了四方楼门口，日本人接过马车赶了进去。老张头往四方楼院里面看了看，就被日本监工痛打了一顿，结果他连受伤带窝火，病了好几天。

马清林在731部队赶马车。有一天，他去第一仓库拉玻璃。卸车时，他发现碎了一块玻璃。他在捡碎玻璃时被日本监工发现，那个监工让他把马车赶到仓库事务所门口停下来，然后用竹棍打他的头，竹棍打折了，又从屋里取出一个镐把，猛击马清林的头部。马清林躲闪不及，被打昏在地。当他苏醒过来时，发现自己躺在了劳工坟地。幸亏那时日本人不再掩埋劳工的尸体，他被人发现抬回家，捡了一条命。

侯安钦他们几个劳工被抽去酒保班倒运食品箱子，他们从63栋楼底层往楼上扛。箱子又多又重，每人每次只能扛一个，上上下下搬运，他们累得实在受不了，日本监工还不让休息。侯安钦小声对工友说，干不动咱就悠着点干。日本监工听见了这话，上去就扇了侯安钦一顿嘴巴，把他打得鼻青脸肿。那次，日本监工寸步不离，罚他们把食品箱子全部搬完，一直干到半夜。

于连奎是阿城县蜚克图镇人，幼年学裁缝。1945年5月，731

部队在阿城县招800个劳工，蜚克图镇摊上40个人。伪镇公所从18岁以上的男劳动力中挑选，不论从事什么职业，挑选上就得去。于连奎和他的师弟范业林、刘福都被挑选上了。他们的成衣铺一下子被抽去3个裁缝，只得关闭了。一天下午，他们自带行李来到阿城车站集合，800来个劳工差不多聚齐了。他们坐一辆闷罐车到了平房站，被日本人押到劳工棚。这里是劳工村，没有居民。日本人让于连奎师兄弟三人和从哈尔滨市来的孙北海组成一个服装部，从事服装裁剪修补工作。他们的车间是两间草房，一间是服装裁缝部，一间是修鞋部。工头是王彦飞。

裁缝铺里堆放着发霉的破旧衣物。这些都是逃跑和死亡的劳工留下来的。这些破旧衣服经过缝补后，再给劳工穿。于连奎他们接活后，每天改裁这堆破旧衣服，也接收新收的破衣服。工藤命令王彦飞从工棚里收被褥、衣服、鞋帽。收上来的破衣物有土布、有更生布，什么颜色都有。没有人拆洗，简单消毒后就重新改装。于连奎他们东拼西凑把窟窿补上就行了。修补好的衣服各式各样，长短不齐，大小不一。破旧棉花只好对付去做，擀毡的棉花撕不开，就死板板地絮进去。就是这样的破衣物，劳工也有分不到的。那些得到衣服的平时舍不得穿，干活时光着膀子，只是在冷天和下雨天才穿上挡风遮寒。

第四节　劳工生活

进入731部队的劳工，没有人身自由，挨打挨骂是经常的事。

劳务班的班长工藤及其手下的关冈、秋叶、青木、西尾、安秀等日本人采用各种手段处罚劳工，给劳工制定了重重规矩，劳工稍有不慎，触犯规矩，轻则被体罚，重则被放出狼狗撕咬，直至被摧残至死。

劳工在731部队每天要过"五关"。

第一关是朝礼关。每天天刚亮，劳工听到日本人的集合哨后，都必须去工棚外集合，附近在家食宿的劳工也要准时赶来排队。迟到者就会受到体罚。劳工们立正排队后，全体脱帽，由日本监工点名，然后劳工们跟随日本监工，面向日本国方向鞠躬，表示效忠日本天皇。接着，用日语背诵"国民训"。在朝礼时，劳工动作跟不上，就会遭受毒打。1942年的一天，有个叫李昶的劳工，年纪大，驼背，腿脚有毛病，不能挺胸站立，日本监工贞田恶狠狠地把他从队伍里拽出来，拳打脚踢，还不罢休，又用铁棍子猛击他的头部，打得李昶鲜血流淌，又放出狼狗来撕咬他。其他的日本人站在旁边观看狂笑。李昶身受重伤，被抬回工棚，不治身亡。正黄旗三屯的张作礼说，1943年，他在731部队动力班烧锅炉。一天下班后，他忘记了脱帽子，贞田发现后，抢起枪把子朝他的胯骨打，打得他胯骨疼痛难忍，好几天下不了炕。

第二关是门岗关。731部队营区有5个大门，都由日本人设岗哨昼夜把守。南门是为日本人开的，西门日夜上锁。劳工只能从两个东门和北门通行。劳工们在规定的时间，集中上下班。路过门岗时，劳工们手持"劳工卡片"通行，日本哨兵逐一登记劳工的上下班时间，接着是搜身。后来劳工上下班改用"劳工证明书"，证明书上贴有劳工的照片，盖有钢印，注有劳工的身份及劳动地点。

检查也更为严格，日本哨兵有时让劳工脱衣检查，在隆冬季节也是如此。

冬天，那些自己带饭的劳工在冰天雪地里干活，吃不上热饭菜。有一天，正黄旗二屯的劳工刘晓虎带了一盒火柴，被日本哨岗查出。结果，他被痛打一顿，几天上不了班。

有个姓王的外地劳工，家贫，冬季还穿着破旧单衣。他捡了条水泥袋子包裹在膝盖和脚上。日本人发现后，说他是盗窃军用物品，把他打了一顿，还关了7天禁闭。正黄旗二屯的穆业举，他一家5口全靠他养活。1940年，他被派了劳工，没钱雇人，只得自己去干。工棚被外地劳工住满了，穆业举来回通勤。为了让他干活，家里省吃俭用，给他带橡子面和玉米面窝窝头。冬天，穆业举还穿着夹衣服上班。他拣了几条水泥袋子包裹在身上御寒。下班时，日本岗哨说他偷东西，扒掉水泥袋子，痛打了他一顿。

路过门岗时，劳工们必须向日本人鞠躬行礼，忘记行礼的就会被打一顿。

劳工们编了一个顺口溜来形容上下班的情景：

卫兵所是鬼门关，阎王贞田把岗站；

搜身检查还验证，挨打受骂家常饭；

人间地狱鬼子设，过关还比上天难。

第三关是监视关。 731部队分内营和外营。内营包括本部大楼、四方楼及特设监狱，即731部队的细菌研究、生产部门。外营是731部队的生活区域。内营管理严密，筑城墙、架电网，岗哨林立。

从事一般劳动的中国劳工只能在规定的地点干活，给731部队做秘密工程的劳工很少有生还的希望。日本人在劳工中实施"10人联保制"，1人出事，其余9人都受到连累。劳工们在劳动时，有日本监工监视，有时日本监工脱离岗位，劳工们才有片刻的自由。

第四关是监禁关。731部队的劳务班大院里，有一个专门关押劳工的"巴篱子"，劳工们称这里是"刑衙"，里面有各种刑具。731部队把不少劳工抓到这里拷打审问。白武斌说，日本人强迫佟玉臣做了一个"匣床"。这种"匣床"是案台式的，离地面半米高，床面长2米，宽1米多。内侧各有2个皮带扣环，用以捆绑人的胳膊和腿脚，床两头各有一个30厘米的木匣子，床分上下两扇，一侧镶着折页，一侧安有两个铁扣卡，用以卡住受刑人的头部。有一天，白武斌和佟玉臣去"刑衙"修门窗，看见日本人正用这种"匣床"给中国人上刑，惨不忍睹。佟玉臣看见日本人用自己做的刑具给自己的同胞上刑，痛悔不已。不久，他就逃离了731部队。

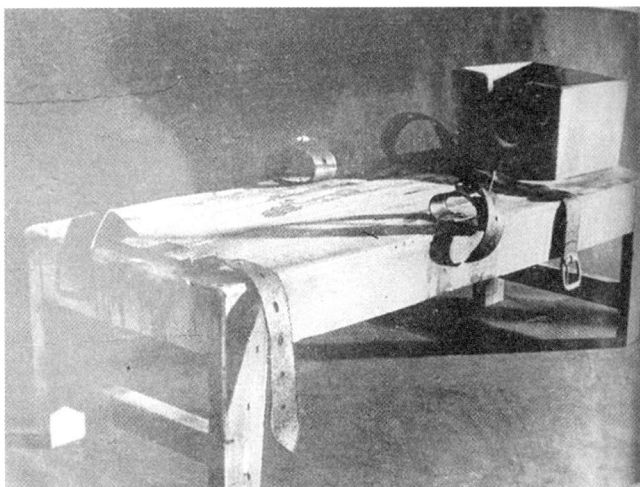

刑具"匣床"

1945年7月，正黄旗四屯的方振生得了伤寒病，日本人给他放了7天假。他休了两个星期病也没好。这时，731部队正加紧进行细菌生产，催他去上工。他因病上不了班，日本人就以"泡蘑菇"为由，把他抓进了"刑衙"。里面关押着10来个劳工，大小便都在室内，臭气熏天。不几天，食堂伙夫穆芳来送饭，告诉他们说日本人快要垮台了，并砸开窗户，帮助他们逃跑了。

第五关是生活关。平房本地的劳工生活够苦了，外地劳工的生活却更苦。劳工棚四处透风，棚内不能御寒，劳工们挨冻难忍。工棚盖在臭水沟旁边，臭水沟里流淌着细菌生产排放的污水，严重污染了居住环境。白武斌说，731部队建立初期，从东北各地抓来不少劳工，他们大部分住在潮湿的席子工棚里，少数住在村民留下的草房里，不少人得了关节炎。食堂伙食差，每个劳工每天发给3个玉米面、高粱面、橡子面混合制成的窝窝头，菜是清水炖土豆、白菜汤、酸黄瓜。劳工们吃不饱，经常到垃圾堆里捡食物吃。春、夏、秋三季劳工们穿一套旧单衣，冬天穿一套补丁摞补丁的破旧棉衣，甚至有穿单衣服过冬的。

哈尔滨飞机制造公司的退休工人董玉发说，当时，731部队对外地劳工特别狠。那些外地劳工每天从日出干到日落，吃三合面窝窝头，还不管饱，住的是夏不遮雨、冬不御寒的席棚，有病不给治。他们中经常发生死人的事。刚开始，劳工死了，日本人还用薄板给钉口棺材。后来，劳工死得多了，就用席子一卷抬出去，有的还有一口气，也给活埋了。再后来，日本人把死去的劳工的衣服扒下来，留给活着的劳工穿。埋劳工的坟一个挨一个，没地方挖新坟了，日本人就派人挖一个大坑，里面埋好几个劳工。最后，连挖坑的地方都没有了，就把尸体扔在荒郊野外。

1939年，新五屯有个外号叫王大个子的劳工，在731部队动力班烧锅炉，他患了肠梗阻，疼痛难忍。日本人不给治疗，致使他死亡。中国劳工在日本人的铁蹄下，因冻饿疾病而死的不计其数。据不完全统计，731部队在中国强征劳工5000多人，除本地的2000多个劳工外，其余3000多个外地劳工大多数都死在了平房，尸体掩埋在正黄旗五屯北边的劳工坟里。劳工坟面积达1万平方米，掩埋着数千个冤魂。

第五节　劳工被当作"实验材料"

731部队的劳工都知道，那些外地劳工被抽去修筑秘密工程，待工程竣工后，他们中不少人被投入监狱，充当细菌"实验材料"。在731部队，经常有劳工莫名其妙地失踪，这部分人大多数也成为细菌实验的牺牲品。

1938年下半年，一天下午，从阿城等地来的30多个劳工被日本士兵押送到731部队营区北大门。劳务班长工藤只留下几个木工修理门窗，其余20多人都被带走了。他们究竟到什么地方去了，谁也不知道。第二天，一伙日本兵闯进劳工棚，把那20来个劳工的行李、衣物装上汽车拉走了。

1939年，731部队平房地区的地面工程基本竣工了，转入内部装修和地下秘密工程的建筑。几年间，劳工们走死逃亡，所剩无几。此时，731部队正准备大规模地进行细菌研究和细菌生产。该部队又从石桥、海城、锦州等地强征来一批劳工，修建内部工程。这一年，连续发生劳工失踪现象。食堂伙夫付景歧讲了这样一件事，他说：

　　正黄旗的住户被撵走后的第二年（1939年），劳工村又来了1000多个劳工。村民留下来的草房里和新搭建的席棚子里都住满了劳工。劳务班的总务主任关冈从本地劳工中挑了10个人去劳工食堂做饭，我也被分配去做饭。一天早晨，关冈通知伙房每天准备另外300人的3顿饭菜装进桶里，等他派人来取。当天来了一辆马车拉饭菜。车老板我认识，他叫刘仁吉，是从正黄旗四屯征用的当地劳工。刘仁吉回来送饭桶时，我问他把饭菜送到哪里去了？他回答说送到四方楼东北的一个角门口。到地方后，由4个日本人把饭菜抬进里面去了。里面的人吃完饭后，由日本人把空饭桶送出来。后来，我从劳工大队长王庆久那里打听到，有300多个劳工在四方楼地下修筑工程。他们是从石桥、海城、锦州等地新招来的劳工。这批劳工被隔离了，晚上也不让回工棚睡觉，不知道他们住在哪里，他们的行李还在劳工村的工棚里。

　　到了夏天，关冈通知伙房另做200个人的饭菜就行了。我暗想，那100多人到哪里去了呢？一天，刘仁吉来取晚上的饭菜时，他见没人，告诉我这样一件事，他说："我把午饭送到指定地点后，在车上等候接空饭桶，突然，从不远处传来老乡的喊声。透过铁丝网往南看，那人从露天厕所里探出头来对我说，昨天晚上有100多个劳工被日本人提到四方楼里去了，今天早上没见他们回来。那人想告诉我他的家庭住址，托我给他母亲捎个信，话没说完，那送饭的4个日本人来了，那人退回了厕所。"

到了秋天，关冈通知伙房说，不用另准备饭菜了。那300人又神秘失踪了。我想，他们一定被731部队害了。为了摸清情况，那天下午，我抽空去了劳工棚，看见日本人派劳工收拾那些失踪劳工的行李，送往劳工服装修理部。

日本垮台后，曾在731部队劳务班监工的一个队员供认，因为怕修筑四方楼地下工程的劳工泄密，就把他们送进特设监狱，充当了"实验材料。"

劳工刘广才差点儿被日本人用作"实验材料"。他是辽南人，1941年3月28日早晨，在锦州街头被日本宪兵圈街时抓住，押送到731部队平房站。他和其他被抓的人一起被押在石井部队营区西北的一个房子里。没过几天，日本人用汽车拉走30来个人，一去不复返。隔了10多天，日本人又拉走30多人，也是音信全无。6月9日晚，刘广才趁日本人不在，逃到劳工村的一个有熟人的工棚里。他说，日本人把劳工押到四方楼去了，听说他们被抽血后，都被鬼子杀了，咱们快逃吧。话没说完，一个日本兵闯进来。劳工们一拥而上，把那个日本兵勒死，趁天黑逃跑了。

辽宁省黑山镇的吕万山回忆说：

我出生在辽宁省黑山镇安乡东边壕村。1940年那年我28岁，因家境贫困，到黑龙江省谋生，凭我的木工手艺，在哈尔滨一个日本人办的建设株式会社找到了活干。日本头目铃木茂负责铃木组的基建工作。他是日本千叶县人，来中国后，专门给日本军队搞建筑。1945年2月，我被骗到731部队做劳工，和我一同去的有7个木匠，其中有一个人是哈尔滨市的刁乃东，我们是朋友。我们住在劳工村，管我们的日本人是劳务班长工藤。木匠刁乃东体弱多病，又吃不饱，穿不暖，不能正常上班。工藤说他是"八路军探子"，把他投入劳务班的拘留所，毒打拷问，后又秘密押进四方楼。日本垮台后，我四处打听他的下落，得知他死在了731部队。

第六章

反抗斗争

第一节　抗联的活动与"中马城"暴动

　　据原东北抗日联军（简称抗联）第三军侦察员张林回忆，1933年农历五月，抗联第三军首长决定组织抗联小分队在端午节去攻打背荫河的"中马城"。由于抗联小分队对地形不熟，带路人带错了路，他们被"中马城"的哨兵发现，未能攻城。抗联部队转到五常堡后，部队首长商定，先派人侦察，待摸清情况后，再攻打"中马城"。侦察任务交给了张林。

　　1934年4月，张林动身去"中马城"侦察。张林得知有个叫刘国会的伙夫被日本人收买，认日本人为干爹，给日本人采购货物，当密探。张林想利用这个人为突破口，打进"中马城"。他通过熟人，以找活干的名义，来到刘国会家。张林尽力与刘国会一家交往，认刘国会的母亲为干妈，和他妹妹也混熟了。平日，刘国会不回家，张林始终找不到机会进"中马城"。有一天，刘国会的妹妹去"中马城"找他哥哥办事，张林跟了进去。日本守备队对张林产生了怀疑，开始盘问张林。刘国会的妹妹一口咬定张林是她的表兄，是来找活干的。刘国会听信他妹妹的话，也向他的干爹中马大尉打保票说张林不是密探。张林顺利地完成了侦察任务。归队后，张林向赵尚志

背荫河的日军兵舍遗址

军长作了汇报。抗联再次派部队袭击"中马城"。因"中马城"戒备森严，攻城行动没有实现。

抗联第三军政治部主任冯仲云在《抗日联军十四年苦斗史》中，记述了"中马城"越狱暴动的事件。这次暴动是老李和王子阳组织领导的，有30多名难友参加了暴动，其中20人死在暴动现场，12人逃出了虎口，他们都参加了抗联第三军。

抗联的袭击和监狱的暴动迫使731部队向平房地区转移。

第二节　侦察细菌基地

1936年夏天，东北国际情报组领导庄克仁在哈尔滨中央大街的一个僻静处，与中共哈尔滨特委负责军委工作的王东周接头。王东周是庄克仁的前任，庄克仁从苏联学习回来接替了王东周的工作。这次接头的任务是，中共哈尔滨特委得到情报：日本关东军在哈尔滨南郊平房一带建立了一支名为"关东军防疫给水部"的特种部队。王东周委托庄克仁组织人员侦察，探明这支部队的规模、性质和任务。

庄克仁把这项任务交给了他的部下——地下情报员史顺臣、赵忠博和敬恩瑞。他们多次聚会商议打入关东军防疫给水部的办法。敬恩瑞知道有个铃木组正在平房地区承包建筑工程，他熟悉的一个外号叫"摩托王"的中国人经常驾驶摩托车送铃木去建筑工地。他们听"摩托王"说，平房的日军还叫石井部队。他们商定找机会去石井部队当劳工，趁机侦察。夏天，史顺臣他们三人到平房附近村屯打短工锄地。铲完二遍地的时候，石井部队来村里招劳工，他们三人经过那家大户掌柜的推荐，进入石井部队建筑工地，当马车装卸工。他们跟随马车装卸沙子、石头、水泥、木材等建筑材料，跑遍了各个工地。从日本监工、翻译、劳工的言谈中，他们判断这支部队与细菌有关。他们返回哈尔滨后，凭记忆绘制了石井部队的建筑分布图。

731部队把嫌疑人员以各种残酷的手段折磨致死。1941年秋季的一天，劳工韩行岩跟随汽车去运木材。汽车行驶到石井班跟前时，日本监工命令乘车的劳工全部趴下，不允许向四下看。韩行岩趴下时顺势扫了一眼，看见石井班的狼狗圈里的木桩子上捆绑着一个人，一群狼狗扑上去撕咬他。那个人被咬得血淋淋的。卸完木材返回石井班狼狗圈时，那群狼狗正在啃人骨头。趁日本监工不在，韩行岩向日本司机山田打听被狼狗吃掉的是什么人。山田同情中国劳工，厌恶731部队。他告诉韩行岩说，那个人前一天在营区外窥探，被哨兵发现，那人逃跑后，被追上抓了回来，日本宪兵说那人是探子。

原731部队判任官斋藤回忆了他在731部队时亲身经历的两件事：

1942年的一天，731部队准备进行一次军事行动。斋藤担任警戒。他在动力班厂房顶盖的瞭望哨上，用望远镜看见一个人在日本军用火车上查看物品。他通知日本宪兵去抓捕那个人。不一会儿，日本宪兵就抓住了那个人，押送到北门卫兵所审问。那个人始终不肯招供。气急败坏的日本宪兵，就把那个人押到一个露天的厕所审问，不招供，就往那个人嘴里灌粪汤。那个人宁死不屈，最后被用粪汤灌死了。日本宪兵说，那人是个顽固的抗日分子。

1944年冬季的一天，731部队在四方楼附近逮捕了5个行动可疑的人。经审问，他们说是劳工，可是说不出在哪儿干活。日本宪兵用烧红的炉钩子往那几个人的头上刨，活生生地刨死两个人。又用鞭子抽打另外3个人，他们也被日本宪兵活活打死了。[1]

第三节　安达打靶场事件

1943年冬，731部队在安达打靶场进行鼠疫菌传播实验。日本士兵把押解来的"实验材料"绑在柱子上，然后撤退到300米以外的安全地带。忽然有一个人挣脱了绳索，紧接着，这些人相互松绑，四处逃散。日军指挥官下令士兵驾驶汽车用机枪扫射追杀这些人。他们残忍地把这30个人全部杀害了。返回平房时，他们发现少了一具尸体，又开车找了半天也没有找到。

安达打靶场附近的鞠家窑村的村民都知道这件事。老户关占和说，那年（1943年）冬天，鞠家窑村忽然戒严了。村民们看见几辆731部队的军车向安达打靶场驶去。不一会儿，汽车停在打靶场门口，从车上下来不少人，看不清是干什么的。上午10点钟左右，来了一架飞机，没有投弹就飞走了。紧接着打靶场那边枪声大作，好几辆汽车到处穿梭，好长时间才散去。

第二年春天，关占和去草地放羊，发现了一具带枪伤的尸体。

---

[1] 韩晓、辛培林：《日军七三一部队罪恶史》，黑龙江人民出版社，1991年。

据分析，这具尸体就是那次实验后，731部队收尸时没有找到的尸体。虽然30名被实验者进行了殊死的反抗，但在没有遮拦的大草原上，无一人幸免于难。

第四节　狱中斗争

731部队监狱里关押着中共党员、抗联战士、爱国志士、苏联红军战士，他们采用各种方法与敌人进行斗争。在相互隔绝的坚固的各个秘密牢房里，"有一件令特别班班员百思不解的怪事，那就是各单人牢房之间保持联系的通信输送网"[1]。狱中的被实验者彼此都了解情况，当一个人新入狱后，其他牢房里的人就知道了这个人的姓名及被捕经过。监狱里的斗争是有组织、有领导、有计划地进行的。据《日军七三一部队罪恶史》书中介绍：

在押的牡丹江铁路员工孙朝山、木工吴殿兴、修理工朱之盈，以及大连的钟民慈和奉天的爱国者王瑛之所以能够留下姓名，就是因为他们是进行绝食斗争的带头人。他们的行动就是在监狱里的某些人的引导下进行的。[2]

地下党员崔得恩，不惧严刑拷打，保守党的秘密。731部队对他进行了多次细菌实验，把他折磨得死去活来，可是他始终没有变节，最后被杀害。森村诚一在《恶魔的饱食》中写了这样一件事：

---

[1]〔日〕森村诚一，祖秉和、唐亚明译：《食人魔窟》，第97页，群众出版社，1984年。
[2]韩晓、辛培林：《日军七三一部队罪恶史》，第277页，黑龙江人民出版社，1991年。

有一次，有个新入狱的"马路大"，牢房里的人很快知道了这个人的基本情况。没过几天，日本人选用这个"马路大"进行人体实验时，狱中被关押的人全体绝食。

还有一件事，731部队为了搞细菌实验，在给监狱在押人员做的糖包里掺了伤寒菌，结果大家都不吃。731部队的队员猜想，监狱里的"马路大"可能知道了饭食里面有细菌，否则他们的行动是不能理解的。

731部队平房特设监狱曾发生过暴动事件。1945年夏天，目黑邀请海拉尔支队的军需官堀田到他那个实验室去做客。堀田耽误了一些时候，后来走到目黑那里时，忽然看到目黑非常惊慌并有点儿气愤的样子。堀田说：

当我问他为什么这样时，他解释说监狱内的犯人进行过抵抗。我经过第三层楼房走进监狱里去。当时我是第一次到监狱里去观察。房顶上有两个人手持步枪，从上面看守监狱。监狱门口站立有四五个人，也都手持步枪。所有这些人都是特务队人员。当我走到那里的时候，监狱内已是平安无事了。过两三天后，目黑告诉我说，有一个受实验的人大闹过一顿，用门环打了实验员一下。这个被拘禁的人打了实验他的那个工作员之后，就从囚室里钻出来沿着走廊跑去，他抢去了钥匙，打开了好几间囚室。有一部分被拘禁的人钻出来，但这只是一些勇敢分子，并且这些勇敢分子都被枪毙了。[1]

---

[1]《前日本陆军军人因准备和使用细菌武器被控案审判材料》，第403页，外国文书籍出版局，1950年。

堀田的供词证明特设监狱发生过暴动。日本著名作家森村诚一对堀田的供词进行过考证，他采访过参加过镇压造反、目睹了现场情景的原部队队员，了解了这次暴动事件的详细情况。他在《恶魔的饱食》中叙述了事情的经过：

1945年6月上旬某天上午，特设监狱7栋的一间单人牢房里关押着2个苏联"马路大"。其中一个人佯装身体不舒服，另一个人招呼看守。在7栋巡查的特别班班员去那间牢房查问，他发现有个苏联"马路大"躺在地板上，发出呻吟的声音，另一个人守在身边。特别班班员对于这种场面已经司空见惯了，那个特别班班员毫无戒备地打开了房门。这时，那个病"马路大"猛地跳起向那个看守扑上去，另一个"马路大"也上来揪住那个看守。那个看守的印堂部位狠狠地挨了一铁锁（手铐的锁），这两个"马路大"已经把手铐打开，两个苏联"马路大"趁那个看守昏迷之际抢走了牢房钥匙。很快，那个看守清醒过来跑到隔开走廊和楼梯的铁门那里，钻出铁门，上了门闩。这样一来，第一道关口——牢房门打开了，但第二道关口——隔开走廊和楼梯的铁门是通不过的。紧接着，那个看守按了警报器，跑到特别班办公室报告了发生暴动的事。与此同时，那两个苏联"马路大"打开了各单人牢房的铁门，催促囚犯们逃跑，一些"马路大"从牢房里跑了出来。

731部队经常提取或补充"马路大"进行细菌实验，为了方便，特别班使用的是一把能打开所有牢房门的万能钥匙。随即，731部队派来了增援人员，在楼内楼外围住了特设监狱。他们当场击毙了那个领头的苏联"马路大"之后，又拿来高压瓦斯瓶，接通胶皮管。一个手拿胶皮管喷嘴的戴着防毒面具的队员从他们竖立的高大的梯子爬到7栋楼房的最高层，接通特设监狱的换气筒，打开阀门，速效毒气通过换气筒从7栋二楼的各单人牢房的通风孔涌了进去，仅仅几分钟，监禁在7号监狱的"马路大"都死去了。[1]

第五节　"火球"事件

1939年，731部队平房镇建成后，平房镇外围发生了"火球"事件。日本军方认为，这是地下抗日工作者为侦察731部队的情况而发射的联络信号弹。于是731部队宪兵室立即组织人力，准备侦破"火球"事件。

731部队宪兵室在中国劳工头目中物色并秘密发展了一批特工联络员，成立协同防谍班，简称"协防班"，由日本宪兵室的春日中一牵头办理。为日本人当翻译的李初亭担任协防班总班长。

1940～1945年，在731部队外围发生了10多次"火球"事件，日本宪兵室和协防班曾多次侦察，但始终没有抓到施放"火球"的人。曾在731部队当劳工小队长的协防班成员文立帮回忆：

我们劳工小队长都是协防班成员，经常在一起谈论"火球"事件。发生"火球"事件后，宪兵队的日本翻译官春日担心破不了案，不敢向哈尔滨宪兵队队长和731部队长报告，竭力想捕获肇事者。他组织日本宪兵队队员和协防班成员，白天在各村屯设卡堵截，夜晚在"火球"多发地蹲守，都一无所获。731部队长问起"火

---

[1]〔日〕森村诚一，祖秉和、唐亚明译：《食人魔窟》，群众出版社，1984年。

球"事件时，春日敷衍说是坟茔地里的"鬼火"。可是731部队长知道这是地下抗日工作者发射的信号弹，命令春日破案，否则将受军法处置。命令刚下达不几天，在老五屯和新五屯之间又出现了一颗"火球"。春日立即带人赶到出现地点。他担心交不了差，就转到劳工村去搜查。他们查到一个叫李放文的老头，这个人没有劳工证明书，也没有临时居住证明书。春日让日本宪兵逮捕了他。经审讯得知，老头是来劳工棚探望儿子的。还有一个老人也是来看望儿子的，也没有证件。春日就拿他们两个当嫌疑犯，他怕找不到证据，审不出结果来，就让日本宪兵把这两个人打死了，然后回731部队向部队长谎报说，作案人拒捕，被当场击毙了。

自此后，很长时间没有发生"火球"事件。春日为了加强防范，继续组织协防班成员在各村屯站岗放哨，把守路口，盘查过往人员。有一天，有个协防班成员查出一个过路的朝鲜人没有居住证明书，就以"特嫌"的罪名将他交给宪兵室，押进了劳务班拘留所。日本宪兵对他进行刑讯逼供，硬是把他打死了。

1943年夏季的一天晚上，在瓦盆窑、小南沟一带又出现了一颗"火球"，731部队宪兵室派协防班总班长李初亭带人去搜查。他们出动6个人，都穿着日本军装，骑着"富士"牌自行车，李初亭还佩戴手枪。当天晚上，他们什么也没搜着。第二天，李初亭他们继续去搜捕。

关于李初亭他们这次的具体搜捕活动情况，731部队的劳工、瓦盆窑屯的老户朱景臣了解事情的经过，他回忆说，瓦盆窑屯离731部队本部东北2.5千米，位于僻静的丘陵地带。当时这一带经常有人发射信号弹，日本人把瓦盆窑屯当作重点控制区域，白天在瓦盆窑屯与新五屯交叉的路口设立岗哨,晚上经常有日本人或协防班成员来屯里突击检查。1943年夏季的一天晚上,朱景臣的伯父、瓦盆窑屯的屯长朱学孟家的两个长工被李初亭他们抓去。事情的经过是这样的:那天晚上,李初亭带着6个协防班成员在瓦盆窑屯蹲守,虽说是夏季,天气还是有点儿凉,李初亭决定去屯长朱学孟家歇歇脚,喝点儿酒。朱学孟是富户,单独住四合院,平时一到晚上,就把大门插上,生人上门是不给开的。李初亭带着人敲朱学孟家的大门,敲了半天没给开。外边的人说是李翻译来了,朱学孟对长工说,不认识李翻译,还是不给开门。李初亭非常恼火,附近村屯没有人敢得罪他,朱学孟竟敢不给开门。他命令手下砸门。朱学孟没办法,只好把门打开了。朱学孟见李初亭一行人的派头,知道来人不好惹,急忙让伙计端茶递烟,准备酒菜。李初亭不理这个茬儿,把手枪、手铐放在桌子上,让朱学孟拿出户口来查看。结果,他发现有两个雇工没有临时居住证明书。李初亭命令手下把人带回平房警察所拘留室审问。后来,朱学孟花钱托人,才把人要回来。朱景臣说,从那以后,“火球”事件照常发生,日本人和协防班天天出动,可是一无所获。

1945年夏天的一个晚上,在731部队高等官宿舍西侧的何家沟子上空,连续出现了3颗红色信号弹,在东乡村值宿的黄恩东等4个协防班成员和李初亭他们又去出事地点搜查。

黄恩东回忆说,那天晚上,他们在东乡村事务所值宿,半夜时分发现何家沟子上空连续出现了3颗信号弹,春日命令黄恩东他们立即出发。黄恩东他们4个人骑着自行车,不到10分钟就赶到了出事地点。他们隐藏在沟子旁边的深草丛里,不一会儿,春日也骑摩托车赶来，他也隐蔽在草丛里。

　　又过了一会儿，李初亭带着人也赶到出事地点。李初亭想，信号弹已经发射过了，作案人早就跑了，再蹲在草丛里守株待兔，不可能抓到嫌疑人。他带人到附近的正黄旗三屯搜查，从村里一家的麦秸垛里，搜出一老一少两个要饭的，押回了731部队。结果什么也没审出来，就把人给放了。

第七章

731部队的覆灭

第一节　覆灭前夜

1945年，日军在太平洋战场上连续战败，使日本大本营感觉到形势不妙。参谋本部企图利用731部队进行细菌战，做最后的挣扎。同年3月，石井四郎被召回东京，破格参加了陆军本部的参谋会议。这次会议研究了以攻击性强、死亡率高的鼠疫菌为主进行细菌战的问题。会后，石井四郎再度担任731部队长，指挥进行细菌战。

1945年4月，石井四郎在731部队本部召开支队长会议，研究部署大批捕鼠、繁殖跳蚤工作。他说："根据日苏必然开战的形势，731部队要尽全力增产细菌、跳蚤和老鼠。"他在会上宣布："为了扭转太平洋战争的不利，要制造大量细菌武器，8月底要完成大批捕鼠工作，并准备1~2吨跳蚤。"

731部队下达了以"增产300万只老鼠"为目标的命令。他们打着灭鼠除害的旗号，给各省下达捕鼠任务，强迫居民、学生大规模地捕鼠。一时之间，东北城乡遍地是捕鼠的人流。731部队组织成立了专业捕鼠队，队员们穿便衣投入捕鼠队伍，他们还把大量的捕鼠器装在卡车上，四处宣传鼓动老百姓参加捕鼠。731部队各支队最主要的任务就是捕鼠、养鼠，宿舍、厅堂都改成繁殖老鼠的场所，昼夜增产老鼠。

与此同时，731部队开始大量地培育跳蚤，不仅在本部培育，各支队也配备了大量培育跳蚤的设备，培养器不够用，他们就用煤油桶进行培育。

随着战争局势的发展，石井四郎在组织生产细菌的同时，也组织成立了鼠疫特别攻击队（又称"夜樱特攻队"）。据林口支队的卫生下士官沟渊俊美供述：

在日本战败前的1945年3月，石井四郎中将刚重返731部队不久，考虑将来一旦关东军撤退，将实行"本土作战"，就准备在敌人（指中国、朝鲜抗日军队）阵地，投撒染鼠疫的跳蚤，于是秘密地组成了一支"夜樱特攻队"。这是一支庞大的队伍，起初，关东军召集了受特别训练的兵长60名；同年6月，731部队又补充了18名受特别教育的人员，我以卫生兵的资格也被编入特攻队；同年5月15日还招募了500名现役兵作为补充。同时，石井部队长给柄泽班、田中班下令，要求他们分别按进度生产出足够数量的鼠疫菌和跳蚤。关东军根据苏军可能于9月以后对日宣战的情况，预定"夜樱特攻队"于9月22日出征，以做好秘密进行细菌战的准备。可是战势发生了突然的变化，苏军提前于8月9日进驻中国东北，关东军一败涂地，731部队的细菌特攻阴谋也就半途而废。

1945年5月2日，苏联红军攻克柏林；5月8日，德国宣布无条件投降。与此同时，中国抗日战争在各条战线上均取得了决定性的胜利。1945年8月8日，苏联红军对日宣战。8月9日，在总司令华西列夫斯基元帅的统帅下，150万苏联军队（包括5500辆坦克，5000架飞机，许多海军舰艇）开始对侵华日军展开全面进攻。

日军处于孤立无援的境地，日军参谋本部提前对731部队发出了准备撤退的指令，石井四郎将鼠疫特别攻击队转移到通化。

8月9日那天，石井四郎不在平房镇，据说是指挥向通化转移工作去了。8月10日，关东军总司令部给石井四郎发了急电，让他"前来接受命令"。石井四郎不在，代替他去关东军总司令部的是某副官。某副官接到关东军总司令部下达的命令是"731部队可以视情况随机应变"，实际上是让731部队退却逃跑。据说石井四郎于8月10日晚回到平房镇。731部队召开了部署撤退的会议。据森村诚一的《恶魔的饱食》记载，石井四郎对731部队的撤退提了5点意见：

一是保守731部队的秘密；

二是派西俊英向731部队各支队传达毁灭证据和各支队全体队员自杀的命令；

三是准备命令住在东乡村的731部队队员全体家属也自杀；

四是全部杀死"马路大"，并炸毁细菌工厂；

五是731部队本部全体队员统一撤退到通化。

石井四郎的让支队队员和东乡村军属自杀的意见遭到了菊池少将等人的强烈反对，最后石井四郎作出让步，同意队员家属立即开始撤退。会后，石井四郎安排人把731部队细菌实验积累的各种材料以及菌种带回日本，安排装载731部队撤退的列车优先通过，安排特别班成员紧急避难。接着，石井四郎下达杀死被实验者、炸毁细菌工厂的命令。

第二节　败逃前夕

一、战备防空掩体

731部队在平房镇盘踞不久，就开始修筑防空洞。正黄旗三屯的文立国回忆，1939年春天，731部队在平房特区强征200名劳工，给731部队挖防空壕。防空壕从刘家窝堡开始，经过正黄旗五屯，到正黄旗头屯，大约5千米长。工程规格要求上口宽5米、下口宽4米、深4米。日本监工要求每个劳工每天必须挖土方10立方米。劳工们日出而作，日落方归，吃不饱，干重活，不少人都累病了。

正黄旗头屯的金方良说：

我们连续干了3年，战壕工程延伸到正黄旗头屯后。日本监工在村东头的高岗地选址，迫使劳工挖一条3米高、3米宽的地下防空洞。洞的侧壁和洞顶用木方支撑。挖洞时，劳工三班倒。为了保密，在洞口盖上苇席子。这项秘密工程到日本垮台时，只掘进了100米。

1944年，日本军队在太平洋战争吃了败仗后，731部队部分队员和劳工开始在营区挖防空洞。1945年3月，石井四郎回到731部队任部队长后，挖防空洞的任务更紧迫了。从营区到东乡村，到处都是防空壕（洞）。据正黄旗四屯的金国忠回忆：

1945年8月9日晚，我们正在动力班锅炉上夜班，清理炉渣时，731部队突然发出空袭警报。营区内外实行灯火管制，哈尔滨市上空升起了照明弹。日本监工命令我们钻进防空洞。那些日子阴雨连绵，防空洞里积水1尺来深，蚊子成群。日本人也顾不了这些，一听到空袭警报，就往防空洞里钻。日本人还在东乡日本小学的西边挖了防空洞，经常看到日本军属到里面隐蔽。第一仓库和第二仓库大院里修筑了一个大防空洞，里边能容纳几百人。那些日子，时常响起空袭警报，日本人紧张、忙乱，惶惶不可终日。

正黄旗四屯的车朝义回忆，1945年8月，劳务班抽调了100来个劳工在731部队专用飞机场的西北角修筑飞机掩体。没过几天，劳工们就听说苏联红军攻打日本军队了，日本人快垮台了。

二、太平洋战争阵亡军官追悼会

1945年春天，731部队派到太平洋战场上的5名军官阵亡了，731部队要在63栋楼开追悼会，731部队的各个班都派代表参加。那天早饭后，曾在731部队高等官食堂当伙夫的付景歧也在现场。他看见大礼堂舞台上挂着5张大照片。他认识其中的中留中佐和田中少佐，其余3个人也面熟。石井四郎致悼词，他说，这些参战人员在"大东亚圣战"中立下了战功，并给战死者家属发了抚恤金。这次追悼会后，劳工们知道日本军队吃了败仗。

三、石井四郎的阅兵

那次追悼会后，石井四郎在63栋大礼堂门前检阅军队。付景歧目睹了那次阅兵活动，他说，那次阅兵持续了1个多小时。731部队排成方阵，一队一队地从大礼堂门前经过。他感到很奇怪，731部队从哪里来了这么多兵。看了一会儿，他看出了破绽，后边的队伍和前边的队伍是一伙人。事后，他听别的劳工说，那些日军队伍在东乡村转了一圈，又回到石井四郎面前。这是石井四郎导演的一幕闹剧，伪装731部队队伍壮大。

白武斌经历过一件事，他说：

1945年8月，731部队队员预感到末日来临，对中国劳工看管得松了。一天，我们去航空班的一个飞机库修房顶。站在房顶上，向东望去，我们看见数十架银灰色的战斗机停在停机坪上。731部队有11架战斗机，我们早就知道，怎么一下子来了那么多飞机？第二天，我们去干活时，发现那个停机坪上只剩下3架飞机了。我们也没听到飞机起飞的声音，那么多飞机一夜之间飞到哪儿去了？日本投降后，我们几个劳工到离731部队不远的日本空军8372部队的仓库里捡东西，发现了数十架飞机模型，被分解得七零八碎，堆了一大堆。我们这才明白，上次我们看见的停机坪上的几十架银灰色的战斗机原来是模型。石井四郎摆在那里，不过是虚张声势罢了。

第三节　毁灭证据

1945年8月，731部队官兵都知道日本无条件投降已成定局，他们变成了内紧外松的状态。劳工裴富等人证实，在劳动现场，日本监工一反常态，不再那么凶狠了。他们躺在地上唉声叹气，言语中流露出日本军队即将垮台的消息，对劳工的管理放松了。731部队各班的队员紧张忙碌起来，他们都在毁灭证据。

那些日子里，731部队的队员都在清理文件、资料，把这些资料打成捆，装入箱子，用马车或汽车运到动力班的锅炉房，统一销毁处理，连装细菌的玻璃瓶、试管、显微镜以及各种仪器都投进锅炉烧掉了。

在动力班当杂工的韩建国说，1945年8月初的一天夜里，他在锅炉房干活，看见开来一辆装满货物的汽车，停在锅炉房前。从汽车上下来6个日本人，他们命令劳工躲远点儿。然后，一个尉官指

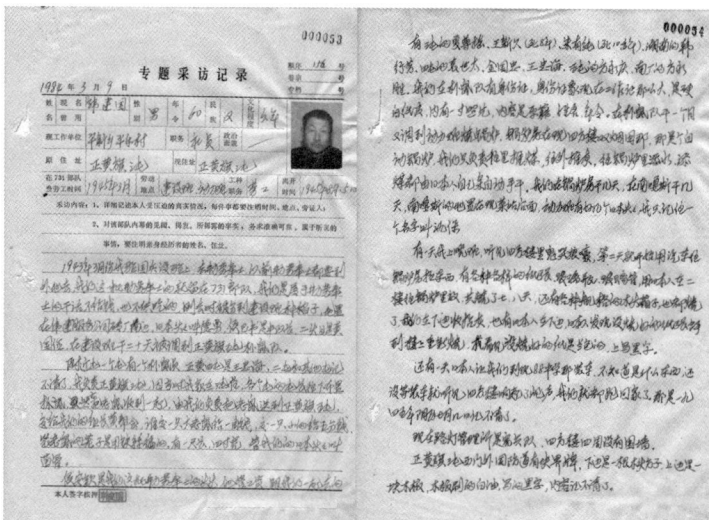

劳工韩建国证言

挥日本士兵把车上的纸捆和各种规格的木箱子搬下来，投进锅炉，烧成灰烬。还有一次，日本人让韩建国他们帮忙烧纸捆，只是不让他们扛东西，在日本人的监视下，他们在锅炉底下收拾纸灰，把那些没有烧净的纸张划拉成堆，继续焚烧。韩建国看见日本人烧的全是带字的纸张。他还说，日本人烧的东西太多了，两台锅炉烧不过来，又开动了一台平时不使用的锅炉，专门烧各种仪器和玻璃瓶子等。日本人连续烧了10来天。

正黄旗四屯的苏海祥，曾在731部队动力班服劳役。他说，1945年8月的一天，他看见日本人用汽车从四方楼往动力班运东西，这天运了10来趟。日本人把一包包文件、一箱箱仪器投入锅炉焚烧，一连烧了好几天。苏海祥清理炉灰时发现了烧变形的铁器和玻璃。除了在锅炉房烧东西外，四方楼院内、各个班门口也在焚烧东西。

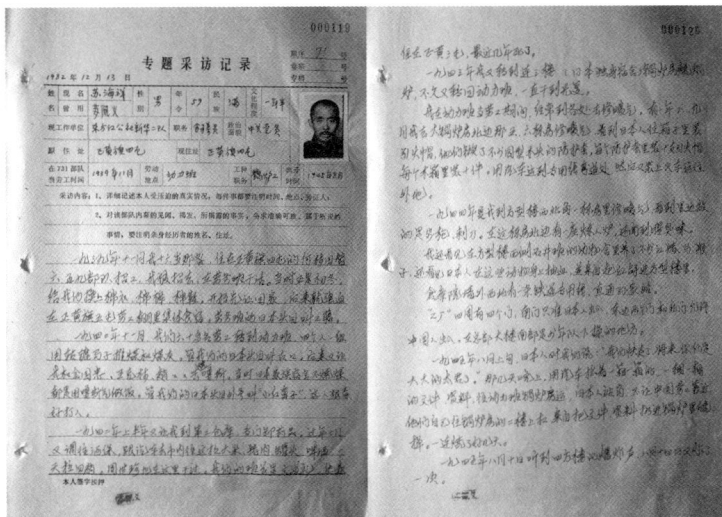

劳工苏海祥证言

　　劳工金国忠说，每年夏天动力班就启动1台锅炉，其余2台锅炉检修，多余的劳工都到别的班干活去了。1945年8月，动力班的劳工全都被调回来，推煤、清理炉灰。3台锅炉全部启动了。日本人把秘密的东西全部烧掉了。

　　乔世兴、李启余、王子余他们看见兵器班的院子里，百余台"福特"牌大卡车被烈火吞噬着，成箱的子弹爆炸了，后来有个劳工从那里捡了几个子弹头。东乡村宿舍、大礼堂、神社、日本医院也燃起了大火。高等官宿舍西侧的地下燃气罐爆炸了，四方楼也塌了一大片。

　　正黄旗三屯的潘义明说，1945年8月11日，他去动力班上夜班，看见炼人炉南边的那3个麦秸垛着火了。他担心日本人对劳工下毒手，连夜逃回家。8月12日早晨，侯安钦、李启余来找潘义明。他们相约去731部队探听情况。他们刚穿过头屯往劳务班走，忽然听到一声巨响，四方楼塌了。侯安钦鼓动他们去看热闹，顺便捡点儿生活用品。他们走到营区北门，顺着铁路专用线往日本医院走。当走到石井班西侧时，他们看见四方楼、兵器班、动物舍都在燃烧。他们没敢进营区，也没心思捡东西。转身回家时，他们看见东乡村里一片火海。他们刚跨过何家沟河，忽然听到一声巨响，营区西边的油库爆炸了，顿时浓烟滚滚。幸亏他们没去营区，不然，他们早就没命了。

黄家窝堡的关文明说，1945年8月，日本监工领着他们八木班的劳工去731部队附近农民的苞米地里掐"乌米"，一共装了好几马车，都运到八木班的磨房大院里，用囤子装起来。没过几天，他又准备去掐"乌米"，可是日本监工不管事了。那几垛"乌米"化成了灰烬。8月11日夜，侯安钦也看见了"乌米"垛起火。

石井班的劳工王清义说，1945年8月12日，石井三男命令中国劳工集合，可是石井班的大部分劳工都逃跑了，只剩下8个上夜班的饲养员。石井三男把8个人分成4个组，每个组都由1个日本人带着，向各组发了一小桶汽油，让他们把沾有汽油的线团扔进动物舍，然后点燃。顿时，动物舍火光四起，各种动物丧身火海。

日军独立混成131旅团79大队中尉大队长千田谦三郎供认：

1945年8月13日，在哈尔滨市旅团司令部召开了专门研究炸毁平房细菌工厂的会议。会议由旅团长宇部少将主持召开。当时，旅团参谋、高级副官、各大队长都参加了会议。宇部少将口头传达了命令的要点：根据情报，苏联军队已突破了牡丹江，在阿城附近已有伞兵降落。旅团准备在哈尔滨市内巷战，各大队各就各位。工兵部队要立即炸毁石井部队在平房的全部房舍。会后，石原工兵大队长直接指挥部下，于13、14两日，把平房的全部建筑炸毁，目的是消灭细菌部队的罪证。我在哈尔滨市内也听到了爆炸声。[1]

当时，破坏建筑物，特别是破坏用特殊钢材和将近50厘米厚的钢筋水泥结构的特设监狱是不容易的，石原工兵大队长指挥工兵及731部队的队员在这些坚固建筑物的地板、楼梯下挖深坑，在多处装置炸药进行爆破。

被炸毁的细菌实验室及特设监狱　　　　　　　　　被炸毁的锅炉房

根据劳工的证词和731部队队员的供词及回忆，关于炸毁平房建筑物的时间无法得到确切的表述。许多劳工说是在8月10号左右炸毁了平房的主要建筑物。秋山浩在《七三一细菌部队》一书中详细描述了炸毁特设监狱的具体过程，他说，在工兵到来之前，731部队的队员试图炸毁监狱，但徒劳无功。工兵到来之后，于8月10日上午9点，"随着震撼早晨大气的爆炸声，火焰高高地冲入了天空，碎石瓦砾一齐飞到四方形的正厅的屋顶上。从昨天的惨剧（指屠杀被实验者）前留下的痕迹，被破坏得无影无踪了"[2]。而千田谦三郎的供词中说，石原的工兵大队于8月13、14两日炸毁平房的主要建筑物。

[1] 中央档案馆等：《细菌战与毒气战》，第151页，中华书局，1989年。

[2]〔日〕秋山浩：《七三一细菌部队》，第123页，群众出版社，北京编译社译，1982年。

第四节 杀人灭口

一、大屠杀

731部队撤退前，特设监狱里究竟关押着多少人？1945年8月10日左右，731部队用毒气究竟杀死了多少人？众说纷纭，无法一一考证，主要说法有以下几种：

森村诚一说：

到8月10日为止，被关押的"原材料"剩下的已不到40人。[1]

731部队本部司机铃木进作证：

（1945年8月10日左右）我也不知道是哪里来的部队，来了一群工兵队，那群士兵用毒气把"犯人"全部处死了，大约有80人。在第7栋和第8栋里。[2]

铃木进没有亲眼见到这些人被屠杀，他被派遣开汽车去松花江扔烧后的尸体时，在731部队营区见过80多具尸体残骸，但他不清楚这些尸体是不是被杀害的人的全部尸体。

王一汀编著的《白衣恶魔》一书中记载：

最重要的是首先处理掉"马路大"。当时，监狱里还押着430人，焚尸炉不可能一下子烧掉这么多人。于是，他们便在监狱的外

---

[1]〔日〕森村诚一，祖秉和、唐亚明译：《食人魔窟》，第214页，群众出版社，1984年。
[2]金成民等：《跨国取证"七三一"》，第22页，黑龙江人民出版社，2002年。

面挖了一个深坑，然后开动了通往各牢房的毒气开关，窒息性毒气立刻弥漫了整个牢房，大多数"马路大"都在窒息中死亡，部分没有死的都被用手枪击毙了。这些尸体被扔进深坑，再浇上汽油进行焚烧。[1]

韩晓、辛培林著述的《日军七三一部队罪恶史》中叙述：

那两座特设监狱里还监押着没来得及使用的活人"实验材料"，这对731部队来说，是更为要害的罪证。由于"实验材料"达400人之多，所以，他们采取了更加惨无人道的手段……使用了速效型的毒气，在不到几分钟时间就把这些"囚犯"置于死地……据原731部队运输班司机越定男证实，除惨无人道地杀害了所有被关押在特设监狱的中国人外，对在日本战败前被抓进731部队并被认为已经不再需要的中国人，（他们）还用注射氰酸化合物的方法毒死了一大批。[2]

731部队撤退前夕，对关押在特设监狱里的人的人数，国内外专家学者的意见不一致，而对处死这些人的方法和对尸体的处理的记述基本相同，就是用毒气毒死了关押在特设监狱里的全部人，尸体就地焚烧后，一部分投入松花江，一部分就地挖深坑掩埋了。据一些专家学者的跨国取证和731部队原队员的回忆，1945年8月，特设监狱里被毒死的人的确很多。

1945年3月，林口支队的卫生下士官沟渊俊美来到平房参加培训。接着，受训的卫生下士官大部分回各支队去了，沟渊等几个人

---

[1] 王一汀：《白衣恶魔》，第99页，中国大百科全书出版社，1998。
[2] 韩晓、辛培林：《日军七三一部队罪恶史》，第284页，黑龙江人民出版社，1991年。

留在平房本部。8月10日那天早上，沟渊被编入留守队担任警备班班长。1988年，他在日本大阪"为了和平，反对战争展"组委会举办的恳谈会上说：

1945年8月11日那天下着小雨，731部队各个班的队员都在连夜地烧毁机密资料，连吃饭的工夫都没有。由于队员家属先接到撤退的命令，因此她们都慌忙地收拾行装，酒保小卖部门前挤满了抢购食品的队伍。原定那些当年入伍的少年队员也先行撤退，可是在备好干粮、等待火车的时候，突然接到执行新任务的命令。原来部队为了毁灭人证，把特设监狱里的"马路大"全部用毒气害死了，并拖进事先挖好的大坑里焚尸灭迹，可是由于尸体太多，特别班的队员累得精疲力尽了，于是只好把少年队员调来继续执行灭迹的任务。焚尸的队员逃跑心切，没等尸体烧净就埋上了。石井部队长发现尸体烧得不彻底，便命令把土扒开，再行用汽油焚烧。可是这太费时间了，于是队员按照部队长改变的命令，用汽车把一部分尸体运到松花江沿，趁夜扔进江里；一部分运到部队附近的洼地里埋掉。为了掩人耳目，竟在人尸上边摆放了几具马骨。

岛田是731部队的最后一批少年队员之一，他于1945年4月入伍。他回忆当时的情况说：

当听说部队让我们少年队员提前撤退的消息后，高兴得没有一点儿睡意，连夜准备行李和途中需要的食品。心想，我们不久就能和家人团聚了。可是，8月11日早晨刚起床，田中教育官来告诉我们说，石井部队长命令少年队员立刻集合到特别班去执行特别任务。这一消息就像当头一棒，打灭了我们立即回国的希望。

田中教育官安慰说，不要丧失信心，只要抓紧完成任务，还是会让我们优先回国的……随着紧急集合的命令，我们50名少年队员都按照平常规定的程序，抓起步枪，跑步到广场上站好队。田中教育官让我们把枪放回原处，再回来集合。田中命令我们去四方楼特别班执行任务……特别班长细谷少佐嘶哑着发出命令："前25人去第7栋，其余的去第8栋，行动吧！"他说话时不时地揉着带血丝的眼睛，我们猜想他大概一夜没睡觉了。其实，细谷少佐只说了半句话，田中教育官补充说："要把里边的死尸拖出来，交给外边的人员，由他们焚烧。"我们恍然大悟，昨天我们参与销毁机密资料时，来到四方楼，发现7栋、8栋实行了戒严，细菌生产班的雇员警告我们不准靠近。事后我们知道特别班的队员在里边进行毒杀作业。为了灭迹，他们把"马路大"的尸体拖到室外焚烧。由于尸体太多，拖不过来，于是顾不得保密的事，才把我们少年队员调过来帮忙。石井部队长命令我们严守秘密，不许到外边乱讲。我们进入牢房，一股腥臭味袭来，大家都感到恶心。牢房里面，尸体遍地，我们没有穿防护服，也没戴手套，因此都感到束手无策。田中教育官说："还愣着干什么，不想回日本啦？"他的话说到我们心里去了。于是我们一咬牙就干了起来。我们进入的是第7栋牢房，里面都是男性尸体。我们少年队员拖一具尸体相当费劲，拖了1个小时也没拖出去多少。有个队员想出了砸开玻璃窗，往外扔的主意。我们分头砸开玻璃窗，两个人拽着尸体的两条腿，一悠就扔出窗外。一楼清理干净后，就登上二楼。我在一个牢房里的墙上看见用血抹成的标语："打倒日本军国主义！""中国共产党万岁！"这是被关押的爱国者涂写的。地上有一具尸体，他的右手指头全磨秃了，还滴答着血……我被他那瞪得溜圆的眼吓住了，一种良心的责备，促使我趁乱躲开。为此，细谷少佐关了我一天禁闭。后来，同期队员放了我，我们挤进了撤退的列车，回到了日本。

佐藤也是最后一批少年队员之一，当年他15岁。他也曾奉命去特设监狱往外拖死尸，还去过细菌实验室里清理东西，他在实验室里清理了不少沾血的枕头。

731部队原少年队员小笠原回忆说，从1945年8月10日那天起，按照石井部队长的命令，首先将最后在押的"马路大"用毒气害死，其尸体投入临时挖好的大坑内焚烧，陈列的各种人体标本都扔进了松花江。

秋山浩在《七三一细菌部队》一书中描写：

尸体堆成的山在燃烧……干着这种恐怖勾当的（指拖运和焚烧尸体），几乎要有200来人……尸体陆续被收拾出去，楼下的几乎已被搬运一空……但是二层楼上还残留着无数的尸体……焚烧尸体的人，也着了急，不等下边的尸体烧光，就往里面扔新尸。（晚）7点钟左右，8个大坑被填得满满的，剩下的尸体再也无处可埋……[1]

秋山浩还叙述了处理尸体过程中的一件事：用卡车把部分焚烧后的尸体运到野外洼地掩埋，上面放上一些马骨头做伪装。

沟渊、岛田、秋山等731部队的原少年队员都参与过拖运"马路大"的尸体，根据他们的叙述分析，1945年8月，731部队特设

---

[1]〔日〕秋山浩：《七三一细菌部队》，第117页，群众出版社，北京编译社译，1982年。

监狱被毒死焚烧灭迹的"马路大"至少有400多人。

二、李初亭之死

李初亭是大连人，会说一口流利的日语。九一八事变后，他在下江一带的伪满森林警察队给日本人当翻译。1936年，石井部队搞建筑时，他在铃木组当账房先生。有一次，铃木茂的儿子从731部队建筑工地拉走一汽车钢材去哈尔滨倒卖，被李初亭发现，报告给哈尔滨日本宪兵队，为此，李初亭得到石井四郎的赏识，被调到731部队劳务班当翻译。李初亭投靠日本人后，与日本翻译官春日中一拜了把子，他组织成立了协防班，还在劳工棚附近开饭馆，利用他女儿搜集情报，为日本人监督劳工，抓政治嫌疑犯。在731部队占领平房期间，他是能够进入四方楼的少数中国翻译之一，知道731部队的一些秘密。731部队劳务班有一个马车队，由李初亭控制。他表面上说是把抽股的钱用于协防班开销，实际上，这笔钱他揣进了自己的腰包。马车队有近200辆马车，负责731部队建筑及生产生活用，还有两辆"斗子车"，供日本下层军官使用。郑学贵赶一辆"斗子车"，主要送劳务班的工藤、春日等人。

森村诚一采访春日中一时，春日中一提供了李初亭被杀的情况，他说：

李初亭是根据石井部队长的命令，被骗至四方楼大院，趁他不防之机，我们开枪打死了他，并撸下他的一块金壳手表。在海船上，我被噩梦惊醒，为防李初亭阴魂来报复，（我）把那块金壳表扔入了大海。

三、报复劳工

731部队撤退之前，日本监工借机对中国劳工找茬。侯安钦说，8月10日那天下午，劳务班长工藤对中国劳工说："我们要转勤了，仓库里的东西你们可以挑些拿回家去。"劳工们信以为真，就从第二仓库挑了些衣物，堆在劳务班大院准备分用。第二天早晨，工藤看见后大骂，掏出手枪想打劳工。春日翻译官与工藤嘀咕了一会儿，他们让劳工给他们装火车，劳工们这才幸免于难。

那些日子，日本监工企图杀害得罪过他们的劳工。8月12日那天，加藤提一把战刀，到处找食堂的大师傅陈怀仁。陈怀仁听到信儿后，躲藏起来。加藤要杀陈怀仁的原因是，有一天，劳务班的仆役小杨因病没有给日本人烧开水，加藤狠狠打了小杨一顿，打得他上不了班。第二天，工藤见小杨没来上班，问陈怀仁原因。陈怀仁把加藤打小杨的事如实说了，结果工藤把加藤打了一顿。还有一次，劳工的午饭不够分，工藤当面训斥了管食堂的加藤。转而加藤大骂陈怀仁。陈怀仁不服，因为每顿饭做多少，都是加藤安排的。他找工藤评理，结果加藤又挨骂了。这就是加藤企图杀害陈怀仁的原因。

1945年7月，劳务班的方振玉因病没有上班，被日本监工抓进了劳工拘留所。里面被拘留的还有10来个人。8月的一天，在劳务班食堂做饭的穆芳给方振玉他们送饭。他俩是老乡，都是四屯人。穆芳对方振玉他们说："日本人快垮台了，可能要杀你们，等一会儿，我和陈怀仁砸开铁窗，你们逃走吧。"没过一会儿，穆芳他们果然锯断了铁窗栏杆。方振玉他们从室内使劲推开铁窗，逃了出去。他们奔北门逃去，幸亏日本人慌乱间没有设岗，他们才跑了出去。刚逃回家，就看见那拘留所火光冲天。日本人晚去了一步，不然这10来个人就会被杀掉了。

白武斌、侯安钦、付景歧他们讲述了工具库劳工班长潘德亮被日本监工杀害的经过：

8月12日，日本监工工藤、菊池、秋叶在一块喝酒。工藤提起了因潘德亮告状而打过菊池、秋叶的事。潘德亮保管仓库，他的上司是工藤。有一年麦收季节，正赶上连雨天。菊池来领镰刀，按工藤的吩咐，应发旧镰刀，菊池硬是拿走了新镰刀。工藤发现库里剩下的都是旧镰刀，就把潘德亮打了一顿。潘德亮说明了情况，结果工藤又把菊池打了一顿。秋叶来库房领靴子，仓库里只有加藤的一双靴子，结果被秋叶穿走了。潘德亮把这件事告诉了工藤，工藤把秋叶打了。于是，菊池和秋叶都怀恨潘德亮。

这次，菊池、秋叶经工藤挑唆，就拎起战刀寻潘德亮报仇。碰巧，潘德亮从劳务班院里出来。菊池抢起战刀朝着潘德亮砍去，潘德亮被日本侵略者残忍地杀害了。

第五节　溃逃

731部队于1945年8月10日左右，开始进行溃逃前的准备，石井四郎把一部分特别重要的资料带回了日本，剩下的工作就是毁灭证据。该部队在慌乱中销毁了大部分有关细菌研究和实验的资料，动用工兵炸毁了平房镇的全部建筑物，用毒气杀害了关押在特设监狱里的人，并杀害了部分劳工以及用作实验的各种动物。销毁罪证之后，731部队开始大溃逃。

败逃的经历和具体时间，据731部队原队员的回忆，各不相同。大体是从1945年8月11日开始，截止到8月15日，731部队前后开出15列火车，每列火车20节车厢，撤退2500人左右。石井四郎等上层军官是乘坐飞机逃跑的，石井四郎乘坐着由他的女婿增田美保少佐驾驶的飞机逃回了日本。

撤退前夕，731部队内部乱作一团。平房镇接到从外地运来的老鼠，也无人接管。数以千计的鼠疫跳蚤遗留下来，给平房地区带来了灾难。那些日子，整个平房镇成为一片火海。据一个老队员回忆：

邻近的8372航空部队看见火势大为震惊，慌忙派来了消防车。我们的上司对他们说："请不要担心，这是作战措施，不必干预，请回吧。"就把他们挡回去了。731部队的机密和开始撤退的情况，连友军都没有告诉。[1]

为了保守731部队的秘密，731部队把草味班制作的氰酸化合物（毒药）发给了部分731部队队员的家属。这是自杀用的毒药。在撤退过程中，一部分挤不上火车、来不及撤退的士兵和队员家属服毒自杀了。

据731部队原队员回忆，从8月11日开始，731部队铁路专用线上甩了一列闷罐火车，日本人好不容易抓到了几十个来不及逃跑的中国劳工，迫使他们把大米、白面、罐头、蔬菜、水果等食品和一些衣物装上火车。平房镇的酒保小卖部里挤满了抢购逃跑时的必

---

[1]〔日〕森村诚一，祖秉和、唐亚明译：《食人魔窟》，第219页，群众出版社，1984年。

需品的日军家属。731部队的日本军官和队员们，都强迫食堂里的中国劳工昼夜不停地准备食品。731部队的队员们和家属肩扛行李，手拿提包，拉家带口，涌向车站。他们本应按计划分批撤退，可是没有人顾及这些，争着往火车上挤，车厢里挤得满满的，以至于火车延误了几个小时，才开出平房站。连续发了15列火车，还是有些日本士兵和家属挤不上火车。他们中有的人绝望地自杀了。日本人逃跑后，有人在731部队营区发现了3具日本尉官的尸体。

731部队军医秦正氏在总务部企划课工作。1945年8月9～13日，秦正氏奉命将苏军进军和日本无条件投降的海外消息提供给课长，根据情报，石井四郎做好了逃跑的各种打算。秦正氏说：

> 同苏军开战时，石井指使部队向吉林省的山里退却，拟订了抵抗的计划，指使将重要器材捆包，并命令第一部吉村班研究山区抗战时的营养问题。我还译了苏联的《牧草营养分析表》及其他有关营养的文件数篇，介绍了"蔬菜中维生素丙的保存法"，作为他们研究的参考。[1]

据其他材料分析，731部队没有来得及到山区作战，就接到了撤退的命令，向日本逃跑了。秦正氏还供述了731部队大量生产带鼠疫的跳蚤及枪杀30名爱国者的事实。据他说，731部队预感到失败的命运，于1945年6月就让部队家属中的200多名老人和孩子回国了。到日本投降的前5天，731部队开始烧毁文件，处理老鼠，炸毁了全部建筑物。8月13日，731部队约2500人陆续乘火车逃跑，石井本人乘飞机逃跑了。

---

[1] 中央档案馆等：《细菌战与毒气战》，第150页，中华书局，1989年。

劳工也从一个侧面证实了731部队溃逃的情况。正黄旗四屯的车朝义说:

1945年8月的一天,我们听说苏联红军和日军开了战,731部队的日本人都慌张起来。我们到东乡村锅炉房上班时,发现东乡宿舍事务所静悄悄的,一个日本人都见不到了。过去,事务所楼上是日本人的单身宿舍。为探查日本人的动向,周士珍到楼上去看,回来后,他高兴地说:"小鬼子收拾行李,准备逃跑啦!"那几天,731部队成了一片火海,日本人几乎跑光了。

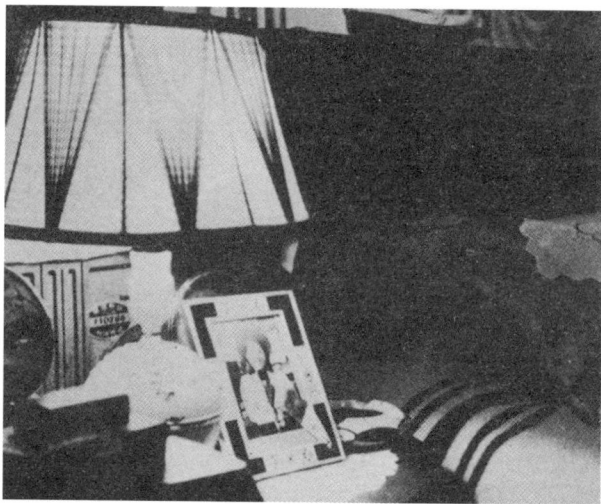

单身队员宿舍

731部队撤回日本后,大田大佐在东萩组建了731部队临时本部,组织支付遣散经费,发放战灾证明书和离队证明书,训示队员保守731部队的秘密。之后,731部队疏散了,他们大都过上了隐居生活。

第六节　战犯审判

日本在侵华时期违背国际公法和人道主义，研制使用细菌武器，对广大的中国军民以及部分苏联人、蒙古人、朝鲜人进行了毫无人道的人体实验。1931~1945年，日军先后对中国的20个省区发动大规模的细菌战达36次之多，使用了当时研究的几乎各种细菌，残死在日军细菌战和研制细菌武器过程中的中国人达几十万之多。对于日军在侵华战争中研制、使用细菌武器的罪行，苏联和中国先后在伯力、沈阳对涉嫌参与细菌战的日军战犯进行了公开审判。

一、伯力审判

1949年12月25~29日，苏联在伯力的滨海军区军事法庭，组

伯力城滨海区军事法庭外景

成了由国家公诉人、审判人员、细菌和医学专家组成的审判团。对在日本侵华时期研制、使用细菌武器的12名日本细菌战犯进行了公开审判。12名日本细菌战战犯均由律师为其作辩护。在伯力公审前的12月12日至25日，法庭还对12名被告人和证人进行预审。

1949年12月16日，苏联滨海军区军事法庭以犯准备和使用细菌武器罪对被告人提起诉讼。起诉书中列举了大量的事实，并根据所述罪状提出控告。其中包括：

1.建立特种部队准备和进行细菌战；

2.在活人身上进行罪恶实验；

3.在侵华战争中使用细菌武器；

4.加紧准备对苏联的细菌战；

5.各被告个人的罪状。

细菌战战犯山田乙三在伯力审判法庭受审

伯力审判中，有关日本研制、使用细菌武器等文件证据被出示，其中包括关东军司令部"关于在平房附近设立特别军事区域"的训令，关东军司令部宪兵队警务部长关于应按"特别移送"手续发遣的犯人类别的通令等。

1949年12月25日，苏联滨海军区军事法庭组成了由国家公诉人、审判长、审判员、后备审判员、书记员、医学专家、法庭医学检验委员会组成的审判团，首次对12名日本细菌战被告人和12名证人进行公开审判和审讯。

1949年12月30日，滨海军区军事法庭审判长契尔特科夫少将法官宣读判决书。军事法庭根据法庭审理，认为12名日本细菌战战犯犯有苏联最高苏维埃主席团1943年4月19日法令第一条所定之罪，同时根据苏俄刑事诉讼法第319条、第320条规定，并依据各被告的犯罪程度，分别对12名被告判处2～25年有期徒刑。

12名日本细菌战战犯在伯力城受审

二、沈阳审判

1956年4月25日，中华人民共和国第一届全国人民代表大会常务委员会第34次会议通过了《关于处理在押日本侵略中国战争中犯罪分子的决定》（以下简称《决定》），并任命了审判人员。中华人民共和国最高人民法院根据《决定》组成了特别军事法庭，由最高人民法院刑事审判庭庭长贾潜为特别军事法庭庭长；由中国人民解放军军事审判庭副庭长（军法少将）袁光、最高人民法院刑事审判庭副庭长朱耀堂为特别军事法庭副庭长；由中国人民解放军军事审判庭审判员王许生（军法上校）、牛步东（军法上校）、张剑（军法上校），最高人民法院审判员徐有声、郝绍安、殷建中、张向前、杨显之为特别军事法庭审判员。特别军事法庭于1956年6月9~19日、7月1~20日先后两次在辽宁省沈阳市依法对日本战犯铃木启之等8名和武部六藏等28名战犯进行公开审判。

这36名战犯中，有研制、生产和使用细菌武器的731部队林口162支支队长榊原秀夫和以"特别移送"方式将抗日人士秘密送往731部队进行活体实验的关东宪兵队的各地宪兵和特高课特务11人。

特别军事法庭对被告人原关东军第10师团防疫给水部部长铃木启之、林口162支队支队长榊原秀夫有关研制细菌武器和实施细菌战的罪行进行调查，并由当时在162支队作苦役的中国证人张清林到庭进行举证。同时，为证明被告人制造细菌武器、准备细菌战的罪行，由中央生物制品研究所孟雨副所长、中国协和医院张学德教授、中央卫生研究院方纲研究员从科学上对被告人的罪行进行了鉴定。

1956年6月19日，中华人民共和国最高人民法院特别军事法庭根据《决定》的精神和第一条第二款的规定，以及法庭审判的被告人的犯罪事实，依法对被告人榊原秀夫判处有期徒刑13年。

1956年7月20日，对被告人斋藤美夫判处有期徒刑20年，判处被告人宇津木孟雄有期徒刑13年，判处被告人木村光明有期徒刑16年，判处鹿毛繁太有期徒刑15年，判处被告人吉房虎雄、藤原广之进有期徒刑14年，判处被告人上坪铁一、堀口正雄、志村行雄、小林喜一有期徒刑12年。

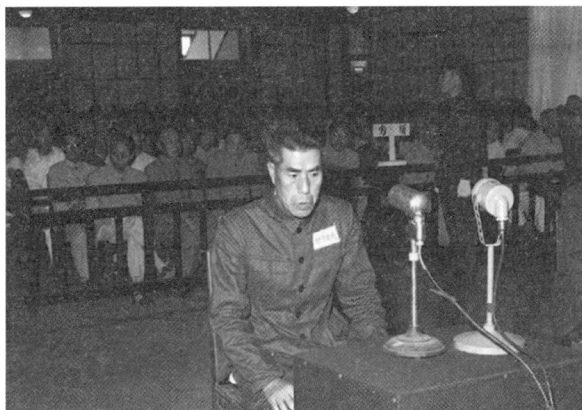

731部队林口162支队支队长榊原秀夫在法庭上

证人溥仪在法庭上作证

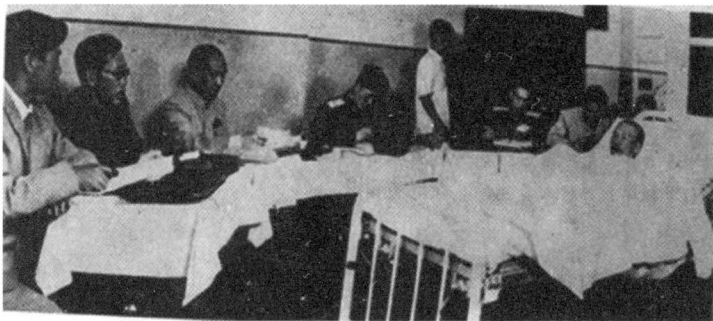

1956年7月8日，特别军事法庭在医院对被告人武部六藏进行讯问

三、东京审判

1946年1月19日，远东国际军事法庭宣告成立。作为处理日本战犯的主要机关，远东国际军事法庭归驻日盟军总部管辖，法官来自中国、苏联、英国、美国、法国、荷兰、澳大利亚、加拿大、新西兰、印度以及菲律宾11个国家。当日同时公布了远东国际军事法庭宪章（条例），准备对日本战犯进行审判。负责处理日本战犯的机关还有国际检察局，美国代表基南为盟军最高统帅部所属国际检察局局长。

远东国际军事法庭和国际检察局由美国所控制，石井四郎向美军要求，把731部队的情报资料数据全部提供给美国，作为交换条件，免除其全体人员的战犯罪。美国为了本国利益，进行了不公正的审判，日军细菌犯罪的事实在东京审判中被掩盖下来。

从1946年5月3日开庭，到1948年11月终结，东京审判持续了2年多，在美国的庇护下，日本细菌战犯全部逃脱了审判。

东京审判在特定历史条件下对731部队罪行的追责存在局限，而伯力审判和沈阳审判有针对性地补充了对日军研制细菌武器、进行人体实验和实施细菌战等反人类罪行的法律认定，以司法文书和实证材料的形式，将731部队罪行固化为可追溯、可验证的历史记录，将这些曾被刻意掩盖的反人类罪行公布于世。这一过程不仅是对日军战争罪行的追责，更凸显了中国作为主要受害国，在推动战争罪行清算、维护历史真相方面的坚定立场与重要作用。

铭记这段历史，坚守战后审判所确立的准则，本质上是在捍卫人类文明的底线——任何践踏生命、违背人道的罪行都将受到谴责与追责，维护历史真相、反对侵略战争，是全人类的共同责任。本书以翔实的史料揭秘731部队，让读者得以透过文字直面历史真相，这既是对战争受害者的告慰，也是对后世的警示。唯有铭记历史、不忘来路、坚守正义，才能从根本上防止战争悲剧的重演，这正是本书作为历史记录者的核心意义所在。

东京审判

附录

战犯石井四郎

石井四郎

石井四郎，日本细菌战思想家、细菌部队的创立者。1892年6月25日，生于日本千叶县山武郡千代田村（加茂）村，为当地一个大地主家庭的四子。该村位于东京以东，在今成田机场附近。他少年于千叶中学毕业后，就读于金泽市旧制第四高等学校。他聪颖过人，据石井四郎的同乡荻原英夫的母亲说："他幼年时沉默寡言，不同于一般孩子，升入茨城县水户的高等学校后，更显露出非凡的才能。"他受过旧式和现代教育。据说，他读私塾时，曾一夜之间背诵下整本教科书，显示出惊人的记忆力。

1916年4月入京都帝国大学医学部学习，1920年12月毕业。1921年1月20日至4月9日，任近卫兵师团军教练，军医中尉。1922年8月1日，调任东京第一陆军医院医官。1924年8月20日，入京都帝国大学研究生院从事细菌学、血清学、防疫学、病理学研究，并晋升为军医大尉。1926年4月毕业。在校期间，他曾被派遣到日本四国岛香川县，去调查那里发生的一种新型病。该病为地方流行病，导致数千人死亡，后以它的发源地被命名为日本B型脑炎

（流行性乙型脑炎）。石井四郎在确定和分离引起该疾病的病毒的过程中，研究了传染病预防和过滤系统等医学难题，为他以后的工作奠定了基础。他深得京都帝国大学校长荒木寅二郎的宠信，并与荒木的女儿结了婚。

石井四郎家族合影

1926～1928年，在京都卫戍病院任医官。1927年6月，他获得了微生物学专业博士学位。他的论文题目是《革兰氏阳性双球菌的研究》，他的指导教官是木村廉教授。其后，他在学术杂志上发表了一系列论文，其中他与增田知贞合作的一篇论文《人工移植疟疾血球的沉降速度及其影响》，在当时引起了反响。在生活方面，他经常出入于东京的酒馆、艺妓馆，与十五六岁的艺妓鬼混。后来，他的官阶迅速提升，但他恶习不改，任731部队长时，经常前往奉天（沈阳）狎妓。

1928年4月至1930年4月，他赴新加坡、埃及、希腊、土耳其、意大利、法国、瑞士、德国、匈牙利、捷克斯洛伐克、比利时、荷兰、丹麦、瑞典、挪威、芬兰、波兰、苏联、爱沙尼亚、拉脱维亚、东普鲁士、奥地利、加拿大、美国考察细菌战有关问题。据北野政次后来说："日本驻美大使馆的一位武官说，他听说石井在波士顿（剑桥）的麻省理工学院研究过细菌战。"[1]

1930年4月，他回国4个月后，于8月晋升军医少佐，任东京陆军军医学校防疫部教官，并兼任陆军兵器工厂的干部。1931年，他发明了行军作战时防疫用的滤水器，在战争时期，曾广泛用于日本军队。1932年春，帝国医疗株式会社承担石井式滤水器的生产，对石井四郎行贿。案发后，他曾被拘留10天。当时，他的上司陆军省军务局长永田铁山解救了他。因此他崇拜永田，以至于在平房自己的办公室内安放了用石膏塑成的永田中将的半身像。

他极力鼓吹细菌战，提出了细菌战的主张。他的主张得到日本军事科学家小泉亲彦、陆军省军务局长永田铁山、日军参谋本部第一课课长铃木大佐以及梶塚隆二等人的重视。在小泉亲彦等人的支持下，于1932年，石井四郎在东京若松町的陆军军医学校组建防疫教研室，他为主管，有5名助手。从此，石井四郎等人在研究防疫的名义下，从事细菌战研究。1933年，该研究室扩建，改称为"防疫研究所"，由石井四郎主持，将该研究所扩展为日本准备细菌战的研究中心，从事霍乱、伤寒、鼻疽等细菌的研制，并进行活体解剖。

1932年8月，他和增田知贞等4名科研者、5名雇员来到中国东北地区考察。石井四郎等人最初在哈尔滨市南岗区设置研究机构，它位于市区宣化街和文庙街交叉地段。他们假借防疫进行细菌

---

[1] 常石敬一、朝野富三：《细菌战部队与两名自杀的医学者》，第80页，新潮社，1982年。

研究，也运作小规模的人体实验。同年秋，日军在五常县背荫河建立"兵营"。1933年，石井四郎在背荫河建立细菌战部队，任部队长。在关东军内部，这支部队被称为"加茂部队""东乡部队""石井部队"。"加茂"是石井四郎的故乡，因而得名；"东乡"是石井的化名，用以纪念他心目中的英雄、日本著名海军将领东乡平八郎。1935年8月1日，他晋升为军医中佐。在背荫河的5年期间，他领导细菌部队做了大量的人体实验，验证了细菌武器的有效性，研制了大量细菌武器。

1936年，石井部队在哈尔滨市南郊平房地区大肆营建，1938年工程基本竣工。同年3月1日，石井晋升为军医大佐。从1939年开始，石井部队在平房地区进行大规模细菌研制和人体实验。其间，他曾兼任南京荣字第1644部队长。石井四郎在准备细菌战的同时，借部队建设和细菌研制发财，他从家乡千代田村加茂地区招募工人，其中，他的亲戚铃木茂承包各种建筑业务发了财。石井作为铃木茂的后台也收受了不少贿赂。他利用731部队优厚的待遇和活人解剖等研究条件，网罗了一大批高级医学人才，重用川岛清、大田澄、柄泽十三夫、增田知贞、吉村寿人等医学专家。同时，他极力排斥异己，菌苗班班长渡边博士因不满石井四郎的指挥，决定辞职，结果在长春大和旅馆因车祸而死亡，渡边的助手山内丰纪怀疑渡边是被石井四郎杀害的。

中留金藏奉陆军参谋部的命令曾经调查过731部队的经费收支情况，结果被石井四郎调至太平洋战场，不到一周时间就丧了命。

1939年5～9月，石井部队在诺门罕战场进行细菌战。1940年，他亲自带队参加对宁波空投带菌跳蚤的作战行动。1941年3月1日，他晋升为军医少将，亲自参与对常德空投带菌跳蚤的作战行动。1942年，又在浙赣铁路线实施细菌战。石井部队3次远征进行细菌战，使数以万计的中国军民染疫身亡。7月，石井四郎在平房侵占公款的事情败露，他因犯贪污军费罪被撤职。1942年8月，调任驻山西的第一陆军军医部部长，在此工作期间，他行使指挥各细菌部队的特权。

1944年夏，石井四郎被调回日本，在陆军军医学校建立细菌研究总部，再次从事细菌战研究。1945年3月1日，石井重新被调回哈尔滨731部队任部队长，晋升为中将，准备大量生产细菌，进行最后一战。其间，石井部队曾组织"夜樱特攻队"，准备攻击美国。由于美军对日进行大轰炸和苏联对日宣战，致使日军细菌战计划破产。1945年8月9日，战败后，石井四郎奉命销毁罪证，组织731部队全体撤回日本。逃回日本后，他在东京新宿区若松街，利用一所被焚烧过的建筑物，开了家旅馆，隐居起来。他曾让人在报纸上发布石井四郎病逝的假消息，并在家乡举行葬礼。

1946年1月，盟军最高统帅部对敌情报部发现并拘留了石井四郎。同年，他接受了美国细菌战专家汤普森的审讯。1947年，石井向美军要求，把731部队的情报资料数据全部提供给美国，作为交换条件，免除其全体人员的战犯罪。美国同意了他的请求，从此他们一直被美国包庇下来，石井四郎还从美军那里得到一栋楼房。这所楼房位于东京的四谷区，原来是海军宿舍改建的美国兵娱乐场所。1959年10月9日，石井四郎患喉癌，死于东京。

石井四郎鼓吹细菌战，创立细菌部队，进行细菌实验，发动细菌战，致使数十万人死亡。他有五项"发明创造"，即石井式滤水器、石井式细菌培养箱、石井式陶瓷细菌弹、石井王牌武器（带鼠疫菌的跳蚤）、丧失人性的"人体实验和活杀观察"，其罪行罄竹难书。

731部队见证人史料摘录

公证处谈话笔录

接谈时间： 97 年 12 月 28 日 10 时至　　　时

接谈地点： 731馆

公证员： 杨淑芳　　　书记员（记者）： 姜丽娟

被接谈人姓名： 郭荻兰（郭彩芝）　出生日期： 旦16　国籍（原籍）：

工作单位及职务：　　　　　　　　电话： (64203)

住　　址： 香坊区司徒街79号　　　电话：

谈话记录如下：

？：好，讲一个你丈夫朱之温做活菌试验一事？

：朱之温是我的丈夫，在一九四一年被日本宪兵队人抓去，头喉上也作他抓去进行严刑拷打，好我的腰部打断现在已有了残疾。当时临放我之前我看我丈夫一眼，他被捆绑在木桩上血肉模糊。

在八六年731馆馆长找到我，我找出我丈夫朱之温被731活菌部队投入作减经过，我养了两天两夜。

九一年日本来道歉流牡丹江之中，其中有丈夫和我，但是有在书。

九三年到日本，开731展，我们说证人和之证人。

九五年到日本之后要我招官李赔信，到今无人回答。

原名签字　　　　　　　郭荻兰

731 血债实录

"731"细菌部队受害者（遗族家属）生存者向日本政府抗议
侵华暴行罄竹难书 哈尔滨平房七三一细菌部队旧址纪念馆方忆。

受害者袁吴珍之侄子袁文邦夫妇 次子袁文火 三子袁文庆 右一

受害者袁茂森女曹汉卿之妻子（全）

受害者之女袁红英与丈夫曹汉卿 88岁唯一活着的见证人。（左献）

217

侵华日军生物化学战罪行调查取证用纸

被采访者	王巧君	性 别	女	民 族	汉族
出生日期	1966.10	政治身份	清白	文化程度	初中
职 业	农	住 址	义乌市赤岸周江街边崇山村		
与受害者关系	父女		采访时间地点		
受害者	王荣章	别 名		性 别	男
民 族	汉族	出生日期	1928.7	政治身份	乡党委书记
职 业	干部	受害时间	1942.11.	文化程度	初中
原住址	义乌市赤岸周江崇山村		现住址	义乌市赤岸周江街边崇山村	

采访记录: 1942年11月 侵华日军在崇山村撒布
大量细菌，过了几天，村庄发生了鼠疫，我家
受害者情况如下：

王凤林	男	40岁	1942.11.28	爷爷
贾家玉	女	38岁	1942.11.16	奶奶
王荣章	男	13岁	1942.11.16	叔叔
王牛姝	男	11岁	1942.11.20	叔叔
王牛弟	男	9岁	1942.11.8	叔叔
王牛孕	男	7岁	1942.11.10	叔叔
王凤生	男	36岁	1942.12.3	四爷爷
赵珠玉	女	30岁	1942.11.16	四奶奶

王巧君

2008年11.23号

衢州市侵华日军731部队细菌战受害者登记表

起诉人	郑岳元	性别	男	文化程度	大专	现在职业	退养
出生年月	1955.3.31		联系电话	3027280 (手) 13967039079)			
现在住址	衢州市杨家巷11号西单元501室						

	称谓	姓名	死时年龄	死亡地点	死亡日期	死亡症状	几天死亡	尸体颜色	墓葬处
细菌战受害者基本情况	二曾公	郑振荃	1918年43岁	市税务街48号	1941.4.8	淋巴肿大	3天	黑色	北门外
	三曾公	郑振荃	1941年时16	税务街48号	1941.4.7	淋巴肿大	1天	黑色	北门外

地方公证	(公章)	见证人	程振华 程廉华(已故) 徐家芳	调查人	郑岳元

衢州市侵华日军细菌战受害者协会(筹)

年　月　日

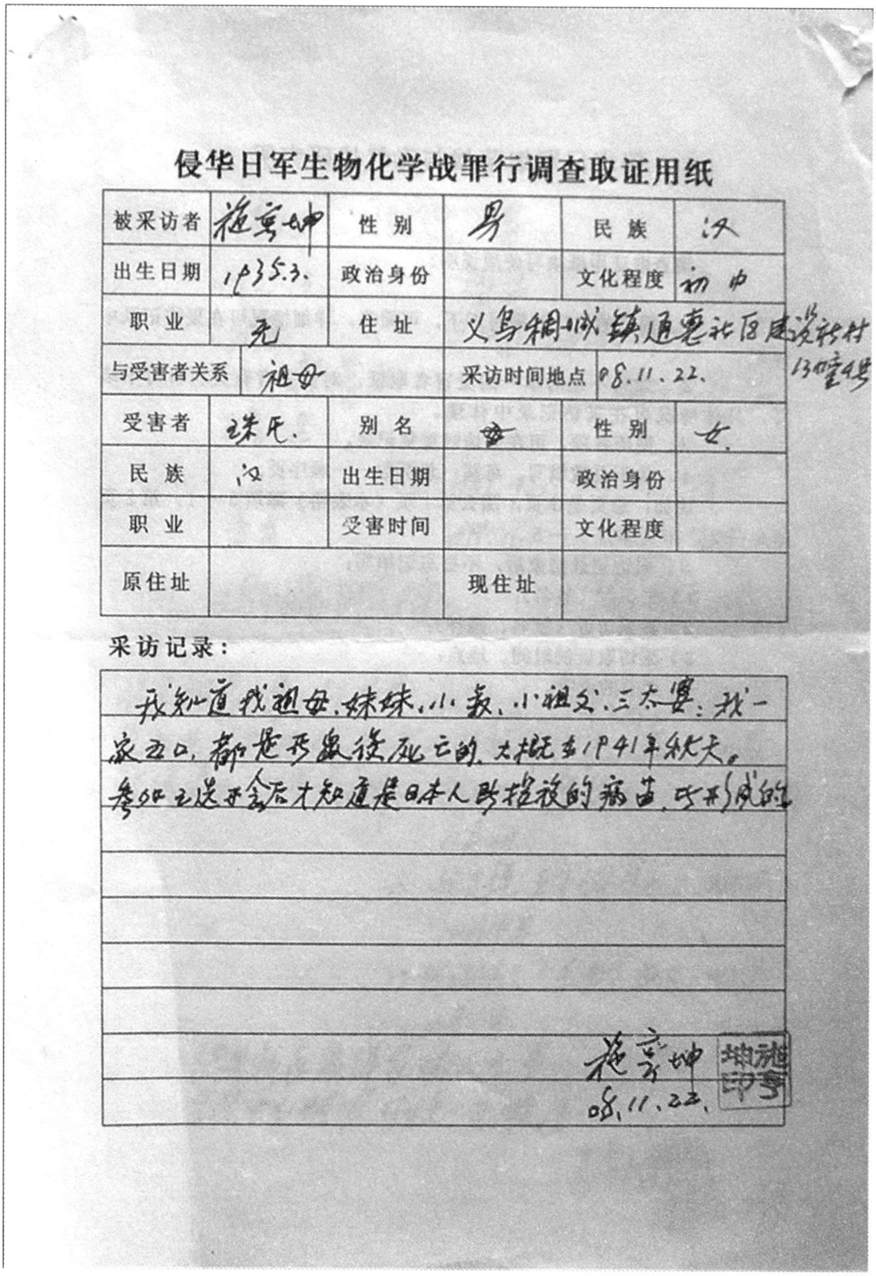

侵华日军生物化学战罪行调查取证用纸

被采访者	施宣坤	性别	男	民族	汉
出生日期	1935.3.	政治身份		文化程度	初中
职业	无	住址	义乌稠城镇通惠社区建设新村13幢4号		
与受害者关系	祖母	采访时间地点	08.11.22.		
受害者	朱氏.	别名		性别	女.
民族	汉	出生日期		政治身份	
职业		受害时间		文化程度	
原住址		现住址			

采访记录：

我知道我祖母、妹妹、小叔、小祖父、三太婆：我一家五口，都是死鼠疫死亡的，大概在1941年秋天。参加工送开会后才知道是日本人所播放的病菌，所形成的。

施宣坤

08.11.22.

施宣坤印

侵华日军生物化学战罪行调查取证用纸

被采访者	王国忠	性 别	男	民 族	汉
出生日期	1936年3月2	政治身份	清白	文化程度	初小
职 业	退休	住 址	浙江义乌市稠江街道江湾崇山村		
与受害者关系			采访时间地点	2008年11月26日曲江	
受害者	祖父	别 名	王文权	性 别	男
民 族	汉	出生日期		政治身份	清白
职 业	农民	受害时间	1942年	文化程度	初小
原住址	江湾崇山村	现住址	江湾崇山村		

采访记录:

祖父王文权 死于鼠疫 1942年11月23日
祖母郑桂株死于 1942年11月25日
妹 王云香死于 1942年11月28日
我父亲原是 对日诉讼的原告 但于1998年2月
病故 我是他的儿子 我一定要继承他的遗
志 向日本 讨还血债及公道。

王国忠 2008年11月23日

221

侵华日军生物化学战罪行调查取证用纸

被采访者	王卷旭	性别	男	民族	汉
出生日期	1939.09.13	政治身份	济民	文化程度	高中
职业	务农	住址	浙江省义乌市稠江街道上崇山村		
与受害者关系	亲眷业	采访时间地点	稠江纪念馆		
受害者	王卷旭	别名		性别	男
民族	汉	出生日期	1939.9.13	政治身份	清白
职业	务农	受害时间	1939.11.	文化程度	高中
原住址	义乌市稠一街道上崇山	现住址	稠江街道上崇山村		

采访记录：

我家祖居上崇山村，原是一家能迁天海之生，可恨日军 鬼子进入我村，带来了生化武器用绝无人道压迫祖南 氛後夺取我家三条人口，1）我奶奶，藤籽琼女死于1939年 11月初。

2）我父亲 王子烔男死于1939年 10月中旬。

3）我姑姑之 玉奶 死于1939年 10月下旬。

结果我家妻谋家破人亡，录我妈孟华4千更世 主估十三暖喔可说一言喔底。

王卷旭

08年11.23号

侵华日军生物化学战罪行调查取证用纸

被采访者	王光国	性 别	男	民 族	汉
出生日期	一九五四年	政治身份	清白	文化程度	初中
职 业	农	住 址	浙江省义乌市江湾乡上崇山村		
与受害者关系	父子	采访时间地点			
受害者	王槿昌	别 名	昊	性 别	男
民 族	汉	出生日期	一九一七年	政治身份	清白
职 业	农	受害时间	一九四二年	文化程度	高小
原住址	浙江省义乌市江湾乡上崇山村	现住址	江湾乡上崇山村		

采访记录：

一九四二年日本侵华军在崇山撒伯了大量的细菌，过了几天
村庄发生了鼠疫病，我家受害情况如下：

死亡时间

① 爷爷：王进兰 男 63岁 上崇山村 42年农历8月初九

② 多多：鲍春妹 女 55岁 " " 8月15日

③ 二伯父：王槿喜 男 34岁 " " 8月21日

④ 二伯母：吴菊芒 女 31岁 " " 8月15日

⑤ 三伯母：朱凤珠 女 28岁 " " 8月26日

⑥ 七叔：王槿荊 男 18岁 " " 8月13日

⑦ 八叔：王槿伦 男 16岁 " " 8月17日

⑧ 堂兄：王光汉 男 12岁 " " 8月28日

⑨ 堂姐：王妹 女 8岁 " " 8月2日

王光国 2008年11月23号

223

侵华日军生物化学战罪行调查取证用纸

被采访者	王锦平	性别	男	民族	汉
出生日期	1935.3.12	政治身份	党员	文化程度	高小
职业	农	住址	浙江义乌市稠江街道上崇山		
与受害者关系	亲弟弟	采访时间地点	义乌细菌战手馆		
受害者	王奉有	别名	/	性别	男
民族	汉	出生日期	1940.7	政治身份	幼儿
职业	/	受害时间	1942.10中	文化程度	/
原住址	义乌稠江上崇山	现住址	同		

采访记录：

　　在采访：42年秋过日本飞机揉村从郡往北撒下毒菌村里过十多天病发。三个月死去40余人其中脆弟王奉有，伯父王辉高，伯母贾海风，堂兄王桃，堂弟王奉海，叔父王化禄共六人。患上民变死、头痛、发烧、淋巴结肿大、喉舌干裂而死。11月初，日鬼医疗队进村以治病为名。欺骗村民前去打针，略村二里林山寺作数净地，暗地解剖（活人持刀拉开肚皮，掏五脏）杀小奶18岁左中一户。11月18日联义骑八文联队围村一百二十余占路寺山营损不准动，被烧三天留夜176户无家可归、700余人逃生谋求之些，全村棵粒无收。罪犯中国无处变宗。

二〇〇八年十一月廿三日 【印：王锦】

侵华日军生物化学战罪行调查取证用纸

被采访者	王普华	性别	男	民族	汉
出生日期	1937.1.11	政治身份	叛队队记	文化程度	高小
职业	农民	住址	义乌市绸江街道蒙山村		
与受害者关系	伯父	采访时间地点	2008年11月3号鸡鸣山新时谷客堂		
受害者	王元练等人	别名	罗	性别	男
民族	汉	出生日期	1900年	政治身份	清白
职业	农	受害时间	1942年11月30	文化程度	小学
原住址	鸡蒙山村	现住址	义乌市绸江街道蒙山		

采访记录：

我叫王普华73岁住浙江鸡市蒙山村。1942年春侵华日军发动向鸡进攻当初妇婆况陷。日军7引部队对蒙山村进行细菌战，当时200人至18户死绝，全一铜宿子被烧。我家在这场突难中因感染鼠疫病死亡的事有人有伯父王元练伯母吴仙凤堂兄王普华相继死亡我父王锦高患眼病到等身住二人动员的情景迫住塔下溪村找父就请医诊治结果草已传家，后治无效。次日北亡到下溪地村关有庙再不幸得疫病下溪村庄伸103人死亡。那种死亡的惨到。那种死亡恐怖的威胁。至今仍令人惟悴生之世也不能忘天。活着生的为了给死在日军侵华期间突然的细菌战中丢了性命的死难同胞伸冤。为了的蒙山人讨还人的尊严。为了教请在日本政府在日军细菌战的受害者质。向日军政府讨还应有索取赔偿。

王普华 2008年11月23日

[印章：王普华]

731部队炭疽菌实验报告摘录

微观详细调查

心脏

1.在显微镜下的检查结果

病例编号	主要病理变化
16	严重实质变性和水肿
26	无明显变化
53	某些肌细胞的嗜碱性变性。轻度间质反应。
54	严重实质变性和萎缩。间质组织水肿。
225	实质发生大范围变性。
318	实质发生大范围变性和萎缩。间质组织局部出血以及邻近的肌肉纤维腐烂。静脉大充血。
320	轻度实质变性和大量萎缩。间质组织水肿。
325	实质出现严重变性和大量萎缩。血管周围明显水肿以及一定的肌菌落。
328	实质出现严重变性现象。严重静脉充血以及轻度间质组织出血。血管中出现大量白细胞。
383	严重实质变性以及大量水肿。
388	实质出现严重变性。
389	实质出现严重变性。
390	实质出现严重变性和充血。
393	实质出现严重变性和大量萎缩。静脉出现严重充血以及水肿。间质组织出现轻度出血。
396	实质出现严重萎缩以及大量变性。血管出现严重水肿和菌落现象。
397	实质出现轻度变性。间质组织和心外膜组织出现严重水肿及出血症状。
399	大量实质变性、水肿和间质组织出血。出现肌细胞。

400	实质出现严重变性并伴有轻度间质反应。
401	肌细胞的实质出现严重变性和嗜碱性变性。 还出现一定的间质反应以及间质组织的淋巴细胞的轻度渗入现象。
403	实质出现一定的变性和水肿。某些动脉出现动脉内膜炎（内膜内小范围圆形细胞渗出）。
404	实质出现一定的变性和水肿。血管周围出现明显水肿，同时某些部位组织菌落。
405	实质出现严重变性和萎缩，间质组织出现水肿症状。
407	实质出现严重变性和萎缩，间质组织出现水肿症状。
409	实质出现严重变性和萎缩，间质组织出现水肿症状。
410	实质出现严重变性和萎缩，间质组织出现水肿症状。血管周围出现肌细胞。
411	实质出现明显变性和萎缩，一定的间质反应以及大量肌菌落现象。
412	实质出现一定的变性、萎缩和水肿。血管中出现白细胞。血管周围出现组织菌落。
413	实质出现严重变性和萎缩。
414	实质出现一定的变性、萎缩。间质组织则出现水肿现象。
416	实质出现一定的变性、萎缩。轻度间质改变。
417	实质出现严重变性和萎缩。间质组织则出现水肿现象。

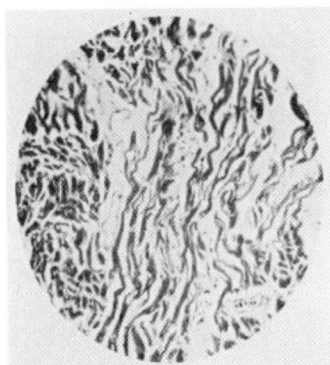

心肌层细胞重度萎缩病变

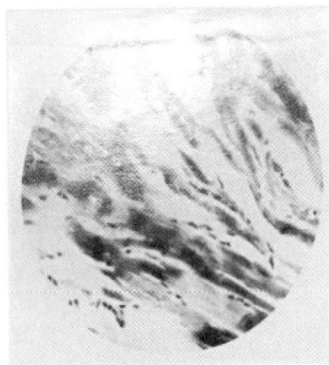

心肌层细胞重度萎缩病变
（高倍显微镜下）

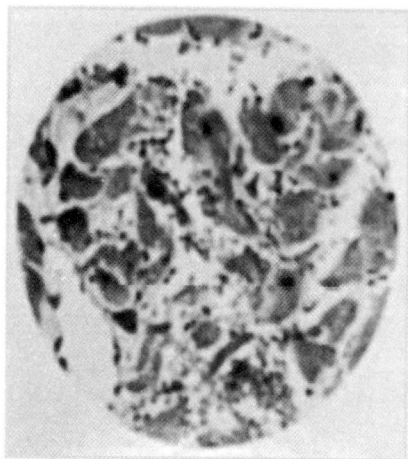

肌间结缔组织出血

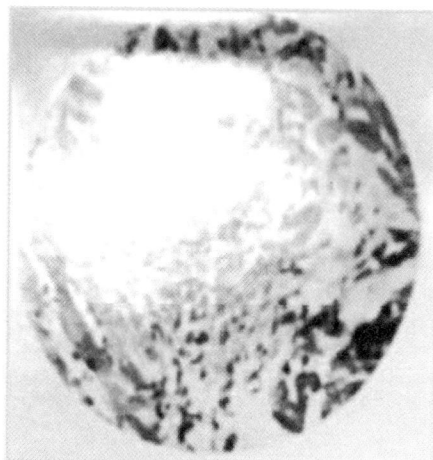

肌细胞颗粒

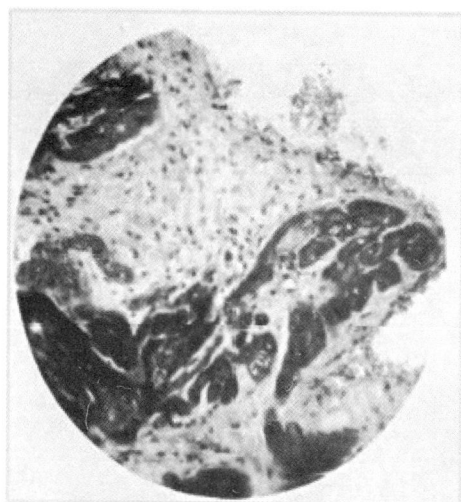

部分心内膜病理变化

日本细菌战相关文件摘录

関東軍命令

関東軍命令丙第九八號

一、関東軍補給監ハ其ノ隷下指揮下部隊
ヨリ左記人員ヲ成ルヘク速カニ奉天
俘虜収容所ニ派遣シ該収容所長ノ
指揮下ニ入ラシムヘシ

　　　　　　　　左記

軍醫　若干

衞生下士官　若干

衛生兵ト同一ニ

二、奉天俘虜収容所長ハ前項人員ヲ
以テ衛生勤務ヲ強化シ速カニ俘虜
ノ體力ノ恢復ヲ圖ルヘシ

前項人員ノ原所属復歸ノ時機ハ別
命ス

三、關東軍防疫給水部本部長ハ概
ネ左記人員ヲ速カニ奉天俘虜
収容所ニ派遣シ該収容所ノ防疫

関作命丙第六五九號

関東軍命令

新京軍司令部
七月二十五日十七時

関東軍野戦鉄道司令官ハ別紙冊
見表ニ據リ奈良部隊器材ノ鉄ノ
輸送ヲ處理スヘシ

極謹中将